DAS *ultimative* STUDENTEN KOCHBUCH

ABKÜRZUNGEN

El = Esslöffel
cl = Zentiliter
g = Gramm
kcal = Kilokalorie
kg = Kilogramm
kJ = Kilojoule
l = Liter
ml = Milliliter
Msp. = Messerspitze
TK = Tiefkühlkost
Tl = Teelöffel

KÜCHENÜBLICHE MASSE

1 Teelöffel (Tl) = 5 ml
1 Esslöffel (El) = 15 ml
1 Tasse = 120 ml
1 cup (amerik. Tasse) = 240 ml
1 Suppenteller = 250 ml
1 Schnapsglas = 20 ml = 2 cl
1 Wasserglas = 200 ml
1 Tasse Grieß = 96 g
1 Tasse Haferflocken = 72 g
1 Tasse Mehl = 96 g
1 Tasse Reis = 96 g
1 Tasse Zucker = 100 g

BILDNACHWEIS

Fotolia.com: S. 6 (© Anatoly Tiplyashin), 17 (© Olaf Hermann), 32 (© Andreas F.), 43 (© Carmen Steiner), 46 (© drubig-photo), 56 (© Sergej Khackimullin), 78 (© Jens Schmidt), 86 rechts oben (© createve91), 105 links unten (© oliver-marc steffen), 106 rechts unten (© Hannes Eichinger), 110 (© Hannes Eichinger), 117 (© Helder Almeida), 121 (© Jens Schmidt), 131 (© asta), 134 (© Yuri Arcurs), 162 (© Franz Pfluegl), 171 gr. Bild rechts (© Andrea Veneziano), 175 unten (© WavebreakMediaMicro), 181 (© mango-stock), 182 (© imagestalk), 188 rechts (© Hannes Eichinger)
Food Fotografie Michael Brauner, Karlsruhe: S. 183, 189
TLC Fotostudio: alle übrigen Fotos

IMPRESSUM

Emil-Hoffmann-Straße 1
50996 Köln

Gesamtherstellung: Naumann & Göbel Verlagsgesellschaft mbH
ISBN 978-3-625-13315-5

www.naumann-goebel.de

DAS *ultimative* STUDENTEN KOCHBUCH

Inhalt

17
0kg
3kg
2kg

EINLEITUNG

Was braucht man eigentlich in der Küche, um mit Spaß lecker zu kochen? Wir sagen es euch! Mit vielen Ratschlägen zur Küchenausstattung und Vorratshaltung, mit Erklärungen zu Gar- und Zubereitungsmethoden und zahlreichen Tipps und Tricks rund ums Kochen machen euch die folgenden Seiten fit für den Herd!

KÜCHEN-EQUIPMENT

Auch der beste Koch braucht in seiner Küche einige technische Basics, damit alles gelingt. Eine allzu umfassende Ausstattung ist anfangs gar nicht nötig – habt ihr jedoch einige wenige, gut ausgewählte Küchengeräte und -utensilien, geht das Kochen gleich viel leichter von der Hand.

Natürlich braucht ihr zum Kochen **Töpfe** und auch mehr als einen. 2 Töpfe in unterschiedlichen Größen sind das Minimum, besser noch ist ein Sortiment von 4 Töpfen in unterschiedlichen Größen.

Eine gute **Pfanne** ist Gold wert und gehört ebenfalls zur absoluten Grundausstattung in der Küche! Wer mit wenig Fett braten und verkrustete Pfannenböden vermeiden will, schafft sich am besten eine beschichtete Pfanne an. Eine Pfanne mit Deckel ist besonders vielseitig einsetzbar.

Einen **Wok** benötigt ihr nur, wenn ihr asiatische Gerichte mögt und Wert auf eine möglichst originalgetreue Zubereitung legt. Ihr können alternativ aber ebenso gut eine große Pfanne benutzen, auch wenn das Gemüse darin nicht ganz so knackig bleibt.

Ein **Schneidebrett** aus Plastik oder Holz ist unentbehrlich. Aus hygienischen Gründen empfiehlt es sich sogar, 3 Schneidebretter zu haben, die man gut voneinander unterscheiden kann: eins für Fleisch, eins für Gemüse und eins für Obst. So können keine Salmonellen von Fleisch auf Frischware übertragen werden und die Ananas riecht nicht plötzlich nach Knoblauch.

Ohne **Schüsseln** geht in der Küche natürlich gar nichts. Eine große Rührschüssel ist Pflicht und einige weitere in verschiedenen Größen sind hilfreich. Die ideale Schüssel ist aus einem hitzebeständigen und nicht zerbrechlichen Material, das keine Gerüche annimmt, also z. B. Edelstahl.

1 oder 2 **Kochlöffel** sind unverzichtbar, keine Frage – ob aus Holz oder Plastik ist Geschmackssache. Auch **Schöpfgeräte** wie Kellen in verschiedenen Größen, Sieblöffel und Schaumkelle sind sehr hilfreich und leisten gerade beim Abschöpfen und Abschäumen gute Dienste.

Ein **Pfannenwender** ist ebenfalls ein Muss. In der Regel sind Pfannenwender aus Plastik oder Holz, vor allem für beschichtete Pfannen, besser als solche aus Metall. Mittlerweile gibt es jedoch auch besondere Metalllegierungen, die die Pfanne nicht zerkratzen.

Wer gerne kocht, wird sich früher oder später nach guten **Messern** sehnen. Jeder gelernte Koch hat sein eigenes Messerset und hütet dieses wie seinen Augapfel. Für Anfänger oder Hobbykoch sind ein kleines, scharfes Schälmesser, ein Brotmesser sowie ein großes, scharfes Küchenmesser sinnvoll.

Spätestens wenn die Spargelsaison beginnt, ist euch ein **Sparschäler** oder Spargelschäler von großem Nutzen. Auch zum Schälen von Möhren, Gurken und Kartoffeln ist er sinnvoll. Erfahrenere Köche schälen Gemüse auch mit einem Schälmesser, aber es erfordert einiges an Übung, dabei nicht zuviel abzuschneiden.

Für das Rühren und Kneten von Teigen aller Art benötigt ihr eine **Küchenmaschine** oder ein **Handrührgerät.**

Auch ein **Schneebesen** ist sinnvoll. Insbesondere für das Zubereiten von Saucen und cremigen Desserts ist er nur schwer ersetzbar, da man mit ihm Flüssigkeiten und Pulver-Flüssigkeits-Gemische klümpchenfrei verrühren kann.

Eine Küche ohne **Pürierstab** ist keine Küche! So ein Stabmixer ist wirklich bei vielen Rezepten im Einsatz – Suppen, Shakes, Cremes – und ist die Anschaffung auf jeden Fall wert.

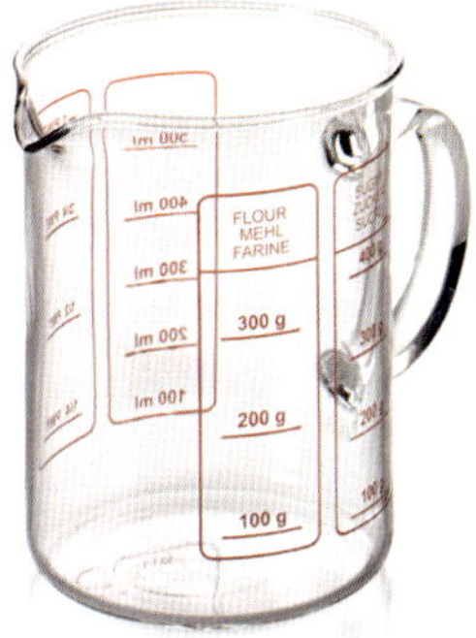

Ohne **Messbecher** könnt ihr die wenigsten Rezepte exakt nachkochen. Wenn ihr euch einen neuen Messbecher zulegt, dann achtet darauf, dass neben den Millilitereinheiten in 100er-Schritten auch 1/8, 1/4, 1/2, 3/4 und 1 l vermerkt sind. Die Maßeinheiten können nämlich von Kochbuch zu Kochbuch variieren und so seid ihr für jeden Fall gerüstet.

Eine **Reibe** ist vielseitig einsetzbar: Möhren und Äpfel für einen Rohkostsalat kann man damit genauso reiben wie Zitronenschale oder Käse für einen Auflauf. Auch schmeckt frisch geriebener Käse immer besser als Käse, der bereits gerieben abgepackt wurde.

Sieb, Seiher, Durchschlag – unterschiedliche Begriffe für im Prinzip ein und dasselbe Gerät. Ein grobmaschiges Sieb (oder Durchschlag oder Seiher) benötigt ihr zum Abgießen von Nudeln und Gemüse. Ein feinmaschiges Sieb (oder Haarsieb) ist nicht ganz so elementar, aber nur damit werden leckere Bratensaucen richtig gut oder lassen sich kalte Früchtesaucen herstellen.

Ohne **Waage** können – wenn überhaupt – nur Profis kochen und auch die benutzen in der Regel die Küchenwaage. Die exakt richtige Menge an Zutaten ist bei vielen Gerichten Grundvoraussetzung für das Gelingen.

Eine **Auflaufform** sollte zur Grundausstattung gehören. Empfehlenswert ist eine flache, eckige Form mit Deckel, da diese universal und unkompliziert einsetzbar ist. Eine Form mit einem ca. 10 cm hohen Rand ist für die allermeisten Aufläufe und Gratins bestens geeignet.

Wenn ihr gerne backt, ob süß oder pikant, ist eine **Springform** unerlässlich. Diese könnt ihr für Kuchen genauso benutzen wie für herzhafte Quiches.

Ein **Nudelholz** ist natürlich zum Ausrollen von Teig sehr praktisch. Ihr könnt stattdessen aber auch einfach eine leere Weinflasche nehmen, von der ihr das Etikett entfernt habt.

Auch eine **Zitronenpresse** ist eine sinnvolle Anschaffung. Notfalls lässt sich eine halbierte Zitrone zwar auch mit einer Gabel auspressen, aber mit der Zitronenpresse ist der Saftgewinn viel höher und sie hält außerdem die Kerne aus dem Saft.

Wenn ihr häufiger Eier kocht, schafft ihr euch am besten einen **Eierpieker** an. Stecht ihr das dicke Ende des Eis damit an, bevor ihr es in das kochende Wasser legt, so platzt es nicht beim Kochen. Ihr könnt einen Eierpieker aber auch ganz leicht selber basteln, indem ihr einfach eine Stecknadel durch einen Weinkorken stecht.

Bei der **Knoblauchpresse** scheiden sich die Geister. Viele Köche sind der Meinung, Knoblauch sollte nur fein gehackt oder mit einem breiten Messerrücken zerdrückt werden, da sich das Ausdrücken durch die Knoblauchpresse negativ auf die im Knoblauch enthaltenen ätherischen Öle und damit auf den Geschmack auswirken würde. Trotzdem ist und bleibt es eine einfache und schnelle Methode, Knoblauch zu zerkleinern. Probiert einfach aus, was euch mehr liegt und besser schmeckt.

VORRATSHALTUNG

Ist Vorratshaltung nicht längst überholt? Die Supermärkte haben mittlerweile bis in den Abend hinein auf und zur Not gibt es den 24-Stunden-Service an der Tankstelle. Trotzdem – legt euch einen kleinen Vorrat von Lebensmitteln an, die man für viele verschiedene Gerichte brauchen kann. So seid ihr allzeit bereit, wenn der kleine oder große Hunger kommt und ihr keine Lust auf den Pizza-Dienst habt. Hier einige Vorschläge:

TROCKENE VORRÄTE

Mehl, Grieß, Couscous, Spaghetti, Penne, Tagliatelle, Reis, Risottoreis, Milchreis, Haferflocken, Linsen, Paniermehl, Speisestärke, getrocknete Früchte, Gelatine, Nüsse, Zucker, Puderzucker, Vanillezucker, Backpulver

Ist die Packung erst einmal geöffnet, werden diese trockenen Vorräte am besten in gut verschlossenen Dosen aufbewahrt, damit sich keine Mehlmotten oder ähnliches Ungeziefer darin breitmachen können.

KONSERVEN (GLAS UND DOSEN)

Tomatensauce, Tomatenpüree, Thunfisch, Sardellenfilets, Kokosmilch, Rotkohl, Sauerkraut, Kidneybohnen, Kichererbsen, Mais, Oliven, Spargel, Pfirsiche, Ananas, Sauerkirschen, Mandarinen, Aprikosen

GEWÜRZE, KRÄUTER UND FETTE

Salz, Pfeffer aus der Mühle, Curry, Paprikapulver, Muskatnuss, getrockneter Thymian, Rosmarin und Oregano, Petersilie (TK), Schnittlauch (TK), Butter, Olivenöl, Sonnenblumenöl

MILCHPRODUKTE UND EIER

Milch, H-Milch, Sahne, saure Sahne, Crème fraîche, Frischkäse, Feta, Mozzarella, Quark, Parmesan im Stück, Eier

OBST UND GEMÜSE

unbehandelte Zitronen, Beeren (TK), Spinat (TK), Erbsen (TK), Brokkoli (TK), Zwiebeln, Knoblauch, Kartoffeln

SONSTIGES

Essig, Pesto, Senf, Tomatenmark, Gemüsebrühe, Hühnerbrühe, Tabasco, Meerrettich, Senf, Sojasauce, Mayonnaise, Honig, Schokolade

GETRÄNKE

Orangensaft, Apfelsaft, Mineralwasser, Sekt, Weiß- und Rotwein

DOSEN ODER TIEFKÜHLWARE

Wer greift denn noch zur Dose, wo es die Tiefkühltruhe gibt? Gerade bei Gemüse ist es tatsächlich besser, auf Tiefkühlprodukte zurückzugreifen, sind sie doch viel vitaminreicher und schonender haltbar gemacht. Einige Produkte allerdings sind in der Dose unschlagbar und dazu zählen geschälte Tomaten, Mais und Thunfisch. Geschälte Tomaten sind gerade im Winter, wenn es in unseren Breiten nur eher geschmacksarme frische Tomaten gibt, eine gute Alternative für Saucen u. Ä., da die Tomaten für die Dosen meist sehr reif geerntet und dann direkt konserviert werden. Maiskörner und Thunfisch aus der Dose sind perfekt für Salate, Aufläufe und Pizzen.

AUF EIS GELEGT

Ein Tiefkühlschrank oder zumindest ein Tiefkühlfach im Kühlschrank können viel Leckeres und Sinnvolles beherbergen, auch und gerade jenseits von Tiefkühlpizza und Fertiggerichten. Gekauftes Tiefkühl-Gemüse, tiefgekühlte Kräuter und Beeren sowie Fleisch lassen sich darin genauso aufbewahren wie selbst eingefrorener Käse, Brot auf Vorrat und gekochte Speisereste. Achtet darauf, wie viele Sterne euer Gerät hat: Wer ein Fach mit 1 Stern hat, kann dort Tiefkühlprodukte 1 bis 2 Tage lagern, bei 2 Sternen geht es maximal 2 Wochen, und mit 3 Sternen steht euch die ganze Bandbreite der Tiefkühlqualität offen.

GEKÜHLTE GRUNDVORRÄTE

Der Kühlschrank ist nicht überall gleich kalt (oben ca. 6 °C kälter als unten bzw. in der Kühlschranktür), daher sollte man darauf achten, welche Lebensmittel wo gelagert werden:

OBEN UND IN DER MITTE

Käse wie Gouda, Parmesan, Camembert, Blauschimmelkäse, Frischkäse und Mozzarella:

* Verpackt in luftdichten Dosen, die Schnittfläche mit Folie bzw. ganz mit Papier oder feuchtem Tuch bedeckt; kräftige Sorten extra lagern; Frischkäse und Mozzarella in der Verpackung lassen.
* Haltbar je nach Sorte 3 Tage bis 2 Wochen bzw. bis Mindesthaltbarkeitsdatum.

UNTEN

Fleisch, Geflügel, Wurst, Fisch:

* Fleisch und Fisch ohne Verpackung auf Porzellantellern nicht ganz luftdicht abgedeckt; Geflügel extra lagern; Wurst ohne Verpackung in möglichst getrennten, nicht zu vielen Lagen in luftdichten Dosen; Räucherwaren extra legen.
* Hackfleisch am selben Tag verbrauchen; Geflügel und klein geschnittenes Fleisch 1 bis 2 Tage haltbar; große Fleischstücke 2 bis 3 Tage, gegart 3 Tage; frischer Fisch 1 Tag; geräucherter, gebeizter oder marinierter Fisch nach dem Anbrechen 2 bis 3 Tage; gegarter Fisch 2 bis 3 Tage; Wurst 2 bis 4 Tage; Räucherwaren 1 Woche und länger.

GEMÜSEFACH

Gemüse wie Frühlingszwiebeln, Lauch, Möhren, Kohl und Knollen, Salate aller Art, Pilze, Bohnen, Gurken, Zucchini und Kürbis:

* Lose aufbewahren; Empfindliches nicht ganz luftdicht in Folie oder feuchten Tüchern; Grün bei Möhren und Kohlrabi entfernen; Blattsalate in Küchenpapier wickeln und dann in einen Plastikbeutel geben.
* Blattgemüse und Pilze halten sich 2 bis 3 Tage, Wurzelgemüse wie Möhren oder Rüben 1 bis 2 Wochen, übriges Gemüse im Durchschnitt 1 Woche.

Kräuter wie Petersilie, Schnittlauch, Dill, Estragon, Kerbel, Kresse, Oregano, Rosmarin, Salbei und Thymian:

* Erst in feuchtes Küchenkrepp, dann in einen Gefrierbeutel wickeln.
* Zartes hält sich 2 bis 3 Tage, Robustes 4 bis 7 Tage.

Frische Beeren:

* Von anderen Lebensmitteln getrennt lagern; Beeren nicht zu dicht, am besten in einer Lage mit feuchtem Tuch abgedeckt lagern.
* Halten sich 1 bis 3 Tage.

IN DER TÜR

Butter, Eier, angebrochene haltbare Konserven, angebrochene Getränke und Milch:

* In den dafür vorgesehenen Fächern lagern; Reste aus Konserven in ein anderes Gefäß umfüllen.
* Milch, Butter und Eier bleiben bis zum Mindesthaltbarkeitsdatum frisch; offene Getränke und Konserven 2 bis 3 Tage.

!

Es gibt eine Reihe von Obst- und Gemüsesorten, die die Kälte des Kühlschranks nicht vertragen. Dazu gehören u. a. Tomaten, Gurken, Bananen, Äpfel, Birnen, Zitrusfrüchte und Kiwis. Sie verlieren dort an Aroma und sollten daher besser bei Zimmertemperatur aufbewahrt werden.

GARMETHODEN UND ARBEITSTECHNIKEN

ABLÖSCHEN
Scharf angebratenes Fleisch, aber auch Gemüse wird mit Flüssigkeit (z. B. Brühe oder Wein) abgelöscht, um den Bratensatz zu lösen und mit ihm eine Sauce zu machen.

ABSCHRECKEN
Gemüse wird nach dem Blanchieren mit kaltem Wasser übergossen oder in Eiswasser gegeben, um den Garprozess zu stoppen und Farbe und Nährstoffe zu erhalten.

ABSEIHEN
In Flüssigkeit gekochte Lebensmittel (meist Gemüse, Kartoffeln oder Nudeln) werden über einem Sieb abgeseiht, um sie vom Kochsud zu trennen.

BACKEN
Darunter versteht man das Garen im geschlossenen Backofen in heißer Luft bei Temperaturen zwischen 150 und 220 °C. Backen kann man Brot, Aufläufe, Kuchen, Gratins, Speisen im Teigmantel und Teige.

BLANCHIEREN
Als Blanchieren bezeichnet man einen kurzen Garprozess in siedendem Wasser. Dazu werden die Zutaten in siedendes Salzwasser gegeben, nach kurzem Aufwallen mit dem Schaumlöffel herausgenommen und sofort unter fließendem kalten Wasser gekühlt. Vor allem für Gemüse mit kurzer Garzeit (Spinat, Brokkoli, feine Bohnen) eignet sich diese Garmethode.

BLINDBACKEN
Als Blindbacken bezeichnet man das Vorbacken von Tortenböden, die nachträglich belegt werden sollen. Dafür wird der Teigboden mehrfach mit einer Gabel eingestochen, mit Pergamentpapier ausgelegt und mit getrockneten Erbsen oder Bohnen ausgelegt, damit er nicht aufgehen kann. Nach dem Backen wird dieser „Blindbelag“ entfernt und durch den eigentlichen Belag ersetzt.

BRATEN
Kleine und flache Lebensmittel wie Frikadellen, Fleischscheiben, Gemüse und Würste brät man am besten in einer Pfanne auf dem Herd (Kurzbraten). Im Backofen wird vornehmlich großes Gargut wie Braten, ganze Fische oder Geflügel gebraten, und zwar bei Temperaturen zwischen 160 und 250 °C.

DÄMPFEN
Beim Dämpfen, auch Dampfgaren genannt, werden die Nahrungsmittel in einem Wasserdampf-Luft-Gemisch bei Temperaturen um die 100 °C gegart. Bei dieser sanften Zubereitungsart gehen kaum Mineralstoffe und Vitamine verloren. Mit Ausnahme von Hülsenfrüchten, Weiß-, Rot- und Grünkohl sowie Spargel könnt ihr alle Nahrungsmittel dämpfen. Dämpfen kann man im normalen Kochtopf mit Siebeinsatz, im Dampfkorb, im Dampfkochtopf oder im speziellen Dampfbackofen.

DÜNSTEN
Unter Dünsten versteht man das Garen von Lebensmitteln im eigenen Saft unter Zugabe von etwas Fett und Flüssigkeit. Gedünstet wird im geschlossenen Topf oder in Alufolie bei einer Temperatur von 100 °C. Besonders ideal für wasserreiche Lebensmittel wie Gemüse, Fisch, zartes Fleisch und Obst.

FRITTIEREN
Hierunter versteht man das Ausbacken in reichlich Fett bei Temperaturen von 180–200 °C. Das geht in einem einfachen Topf oder in einer Fritteuse. Zum Frittieren eignen sich alle panierten und in Backteig gehüllten Fleisch-, Geflügel- und Fischstücke sowie Kartoffeln, Gemüse und Schmalzgebäck. Als Fett bieten sich Palmöl, Kokosfett oder raffiniertes Olivenöl an.

GAREN MIT NIEDRIGTEMPERATUR
Diese Methode wird vor allem von Koch-Profis genutzt und ist ein Garant für superzartes Fleisch. Das Fleisch wird meist kurz und kräftig angebraten, damit es wenig Saft verliert, und dann bei 80–100 °C im Ofen über Stunden gegart.

GRATINIEREN
So nennt man das Überbacken von Gerichten, bis sie goldbraun sind oder eine leichte Kruste haben. Zum Gratinieren im Backofen oder unter dem Grill eignen sich fast alle Lebensmittel.

GRILLEN
Beim Grillen gart das Gargut durch starke Strahlungshitze. Zum Grillen eignen sich vor allem Fleisch, Fisch und Geflügel, aber auch Gemüse und Obst. Man kann über Holzkohle, im Kontaktgrill, im Grillgerät oder im Backofengrill grillen.

KOCHEN (Sieden)
Kochen ist das Garen von Nahrungsmitteln in reichlich Flüssigkeit bei Temperaturen um den Siedepunkt (100 °C).

MARINIEREN
Hierbei werden Nahrungsmittel – meist Fleisch, Geflügel, Fisch oder Gemüse – für einige Stunden oder mehrere Tage in eine aromatische Sauce aus Öl, Wein oder Essig sowie Kräutern und Gewürzen eingelegt, um ihren Geschmack zu intensivieren und sie zarter zu machen.

PASSIEREN
Beim Passieren werden Flüssigkeiten oder verschiedene Massen durch ein Sieb gestrichen, um sie von festen Bestandteilen zu befreien, z. B. Früchte, Konfitüren oder Saucen.

POCHIEREN ODER GARZIEHEN
Pochieren oder auch Garziehen nennt man das Garen in Flüssigkeit bei Temperaturen unterhalb des Siedepunktes. Diese Garmethode eignet sich vor allem für zartes Fleisch, Fisch, Geflügel, Obst, Knödel und Eier.

PFANNENRÜHREN
Bei dieser schnellen und schonenden Garmethode werden die klein geschnittenen Zutaten unter ständigem Rühren oder Schwenken mit wenig Fett im Wok oder in einer hohen Pfanne schnell gebraten.

PÜRIEREN
Zermusen von zumeist gekochten Lebensmitteln mithilfe eines Pürierstabs, aber auch mit Sieben, Stampfern etc. Der große Klassiker ist das Kartoffelpüree – das darf allerdings nur gestampft und nicht püriert werden, sonst wird es zäh!

REDUZIEREN
Beim Reduzieren werden Flüssigkeiten wie Fonds, Bratensaft, Saucen oder Sahne stark eingekocht, um sie dickflüssiger zu machen und den Geschmack zu intensivieren.

RÖSTEN
Lebensmittel wie Kaffeebohnen, Nüsse, Mandeln oder Kastanien werden geröstet, um sie noch aromatischer zu machen. Das Rösten erfolgt im Ofen oder in der Pfanne und immer ohne Zugabe von Fett oder Flüssigkeit.

SCHMOREN
Dafür werden Fleisch- oder Gemüsegerichte zuerst angebraten und dann im geschlossenen Topf unter Zugabe von wenig Flüssigkeit auf niedriger Herdstufe bei ca. 100 °C gegart. Wichtig beim Schmoren: Der Topfboden muss ständig mit Flüssigkeit bedeckt sein und der Deckel fest auf dem Topf liegen.

WASSERBAD
Ein Wasserbad dient zum Erwärmen, Schmelzen und Garen von empfindlichen Speisen in einem offenen oder geschlossenen Gefäß, das in heißem oder siedendem Wasser hängt. Im Wasserbad schlägt man Eierstich, Eiercremes, Schokolade und Saucen. Dafür erhitzt man in einem großen Topf das Wasser auf etwa 80 °C. In das Wasserbad stellt man nun eine Schüssel mit der Creme, die ständig gerührt werden muss. Feine Cremes, aber auch klassische Terrinen werden im Wasserbad im Backofen gegart.

RUND UMS KOCHEN

OBST UND GEMÜSE WASCHEN

* Lebensmittel möglichst im Ganzen, nicht zerkleinert, waschen, damit wenig Nährstoffe verloren gehen.
* Gründlich, am besten mit kaltem Wasser, aber möglichst kurz waschen.

OBST UND GEMÜSE PUTZEN UND SCHÄLEN

* Verdorbene, welke oder harte Pflanzenteile entfernen.
* Ungenießbare oder harte Schalen entfernen, so wenig wie möglich abschälen, da direkt unter der Schale die besten Inhaltsstoffe liegen.
* Geschälte Lebensmittel, vor allem Obst, am besten direkt weiterverarbeiten, Luftsauerstoff bewirkt Verfärbungen und Vitaminverlust. Alternative: Mit Zitronensaft beträufeln und mit Frischhaltefolie abgedeckt im Kühlschrank aufbewahren.
* Pilze am besten nur putzen und nicht oder nur kurz waschen, damit sie sich nicht mit Wasser vollsaugen.

TOMATEN HÄUTEN

* Die Haut an der Oberseite kreuzweise einschneiden.
* Tomaten für ca. 10 Sekunden in kochendes Wasser legen, dann herausnehmen und mit eiskaltem Wasser abschrecken.
* Die Haut mit einem Gemüsemesser abziehen, den Strunk herausschneiden.

PAPRIKA SCHÄLEN

* Backofen auf 200 °C vorheizen. Paprikaschoten mit Öl bestreichen, salzen und auf einem Backblech in den Ofen schieben.
* Nach ca. 15 Minuten, wenn die Haut Blasen wirft und schwarz wird, Paprika aus dem Ofen nehmen und mit Frischhaltefolie bedecken, etwas abkühlen lassen.
* Die Haut mit einem Gemüsemesser abziehen.

WURZELGEMÜSE SCHNEIDEN

* Lange, dünne Scheiben: Geschältes Gemüse der Länge nach mit Gemüsehobel oder Sparschäler in dünne Scheiben schneiden.
* Feine Streifen (Julienne): Das in dünne Scheiben geschälte Gemüse in feine Streifen schneiden.
* Kleine Würfel: Die Wurzelstreifen anschließend in kleine Würfel schneiden.
* Stäbchen: Wurzelgemüse erst in 5 cm lange Stücke, dann in 5 mm dicke Scheiben und danach in gleichmäßige Stäbchen schneiden.
* Würfelig: Die Gemüsestäbchen dann in Würfel schneiden.

ORANGEN SCHÄLEN UND FILETIEREN

Orangen an der Ober- und Unterseite abkappen. Schale inklusive weißer Haut mit einem langen, schmalen Messer wegschneiden. Orangenfilets zwischen den Trennhäuten ausschneiden, verbleibenden Fruchtrest über die Orangenfilets pressen.

GEWICHTSVERLUST DURCH SCHÄLEN , FILETIEREN UND GAREN

Gewichtsverlust durch Schälen etc. von Obst und Gemüse:

* von ca. 10 % (z. B. Zwiebeln) bis ca. 35 % (z. B. Bananen, Melonen)

Gewichtsverlust durch Filetieren von Fisch:

* von ca. 40 % (z. B. Lachs) bis ca. 60 % (z. B. Forelle)

Gewichtsverlust beim Garen von Fleisch:

* Braten ca. 25 %, Schmoren ca. 30 %, Kochen ca. 35 %

PASTA AL DENTE KOCHEN

* 1 l Wasser pro 100 g Nudeln in einem großen Topf zum Kochen bringen; der Topf soll dabei nur zu ¾ gefüllt sein (gebt kein Öl ins Kochwasser, sonst rutscht später die Sauce von der Pasta). Die Nudeln in das kochende Wasser geben und gut umrühren, damit nichts am Boden kleben bleibt. Erst jetzt salzen, dann kocht das Wasser schneller wieder. Das ist wichtig, denn die Pasta soll kochen und nicht quellen.
* Damit die Nudeln nicht verkochen, bereits nach ¾ der empfohlenen Garzeit eine Nudel probieren. Ist sie noch zu fest und mehlig, nach 1 Minute erneut versuchen. Und so weiter, bis die Nudel zwar samtig ist, aber noch Biss hat („al dente" ist).
* Behaltet beim Abgießen immer etwas von dem Nudelwasser zurück; oft macht es die Sauce noch etwas geschmeidiger und sorgt durch die Stärke dafür, dass die Sauce gut an den Nudeln haftet. Und bedenkt, dass die Pasta nach dem Abgießen noch leicht weitergart. Daher am besten sofort mit der Sauce mischen und servieren. Mit kaltem Wasser sollte man Pasta nur abschrecken, wenn diese danach zu einem Salat weiterverarbeitet wird.

KRÄUTER & GEWÜRZE

Nicht nur in der Küche sind Kräuter und Gewürze heiß begehrt, sie sind auch für ihre vielseitigen Heilkräfte bekannt. Im Mittelalter haben Gewürze die Münzen als Zahlungsmittel ersetzt und gaben Anlass für viele kleine und große Schlachten. Erst der gekonnte Einsatz von Kräutern und Gewürzen macht aus einem guten Essen einen Festschmaus.

KRÄUTER UND GEWÜRZE – WO IST DER UNTERSCHIED?

Bei Gewürzen handelt es sich um frische oder getrocknete Pflanzenteile. Kräuter sind immer Blätter. So ist der Begriff Gewürz der Oberbegriff von Kraut. Umgangssprachlich werden häufig alle heimischen Blatt- und Krautgewürze als Kräuter bezeichnet.

LAGERUNG GETROCKNETER GEWÜRZE

Gewürze und getrocknete Kräuter vertragen kein Licht und sollten dunkel gelagert werden. Durch das Licht bleichen sie aus und verlieren nicht nur an Farbe, sondern auch an Aroma. Auch wenn es praktisch ist, die Kräuter gleich neben dem Herd aufzubewahren – durch die Wärme und Feuchtigkeit verlieren sie an Würzkraft. Idealerweise lagern Gewürze und getrocknete Kräuter dunkel, luftdicht verschlossen, kühl und trocken.

KRÄUTER RICHTIG VORBEREITEN

Meist werden frische Kräuter gehackt, bevor sie zur Speise gegeben werden. Wie fein oder grob, hängt vom jeweiligen Gericht ab. In der Regel lässt sich mit einem großen scharfen Messer jedes Kraut schneiden und hacken. Natürlich könnt ihr auch ein Wiegemesser oder einen elektrischen Zerhacker nehmen.
Je kleiner die Kräuter gehackt oder geschnitten werden, desto mehr ätherische Öle werden freigesetzt. Sollen die Kräuter oder auch die Gewürze sehr fein zerkleinert werden, ist ein Mörser mit Stößel die richtige Wahl. Um das Aroma so weit wie möglich zu konzentrieren und nicht zu viel des ätherischen Öls verdunsten zu lassen, ist es gut, etwas Öl dazuzugeben.

KRÄUTER EINFRIEREN

Wer Küchenkräuter einfrieren möchte, hackt sie, füllt sie in einen Eiswürfelbehälter, gießt Wasser oder Brühe an und stellt die abgedeckten Eiswürfelbehälter in den Gefrierschrank. Ist das Ganze gefroren, kann man die Würfel in einen Gefrierbeutel umfüllen und die Kräuterwürfel portionsweise einsetzen. Selbstverständlich könnt ihr die gehackten Kräuter auch direkt in ein Gefäß mit Deckel oder in einen Gefrierbeutel geben und einfrieren. Einzeln eingefrorene Kräuter sollten auf dem Beutel beschriftet werden, gefroren sehen sich Kräuter zum Verwechseln ähnlich. Die Haltbarkeit liegt bei 1 Jahr.

TIPPS & TRICKS

LAGERN

* Frische Knoblauchzehen können lange aufbewahrt werden, wenn man sie in neutrales Öl einlegt und im Kühlschrank lagert. Nach einiger Zeit nimmt das Öl das Aroma an und kann zum Würzen verwendet werden.
* Rohes Fleisch verträgt es nicht, auf einem Holzbrett gelagert zu werden: Das Holz zieht den Saft aus dem Fleisch, und dieses trocknet aus.
* Frischer Ingwer kann monatelang aufbewahrt werden, wenn man ihn schält und in trockenen Sherry einlegt.
* Petersilie bleibt am längsten frisch, wenn sie fest in Alufolie eingewickelt und im Kühlschrank gelagert wird.
* Butter hält sich wochenlang, wenn man sie völlig mit gekochtem und abgekühltem Salzwasser bedeckt.
* Brot bleibt länger frisch, wenn man einen Apfel mit in den Brotkasten legt. Den Apfel sollte man allerdings alle paar Tage auswechseln.
* Noch nicht ganz reife Äpfel reifen schneller nach, wenn man sie zusammen mit 1 oder 2 Tomaten in eine Schüssel legt.

SICHERHEIT IN DER KÜCHE

* Ein feuchtes Tuch oder Küchenpapier unter dem Schneidebrett verhindert ein Verrutschen.
* Messer nicht kreuz und quer mit anderem Küchengerät in einer Schublade lagern, sondern flach und gut sichtbar in einer aufgeräumten Schublade. Am sichersten ist ein Messerblock.
* Achtet darauf, dass die Griffe von Messern, mit denen ihr arbeitet, sauber und fettfrei sind, damit sie nicht aus der Hand rutschen können.
* Griffe von Töpfen und Pfannen sollten nicht über den Herd hinausstehen; zu leicht kann man daran hängen bleiben und sich verbrühen.

SICHERER UMGANG MIT LEBENSMITTELN

* Besonders roher Fisch, rohes Fleisch und Milchprodukte sind anfällig für Bakterien, aber auch gegarte Speisen aller Art und vor allem Stärkehaltiges wie Reis, Pasta und Bohnen. Die in der Luft befindlichen Bakterien lassen sich am einfachsten abhalten, indem man die Speisen zudeckt.
* Bakterien benötigen zur Vermehrung Wärme; vor allem Fisch und Fleisch also immer möglichst kühl lagern.

DIES UND DAS

* Um Oliven zu entsteinen, legt sie auf die Arbeitsplatte und rollt mit dem Nudelholz mehrmals darüber. Dann lassen sich die Steine viel leichter herausholen.
* Hart und trocken gewordenes Brot muss man nicht wegwerfen. Wird es mit einem feuchten Tuch umwickelt und nach einiger Zeit für 30 Minuten in den Backofen gegeben, wird es wieder weich und frisch.
* Da Gurken Wasser ziehen, wenn sie mit Salz in Berührung kommen, sollte man Gurkensalat erst unmittelbar vor dem Servieren salzen.
* Hackfleischgerichte werden kalorienärmer, wenn man das eingeweichte Brötchen durch Magerquark ersetzt. Das Hackfleisch bleibt so auch nach dem Garen locker und erhält einen würzigen Geschmack.
* Fleisch sollte man während des Garens nicht mit Messer oder Gabel anstechen. Sonst läuft Fleischsaft aus und das Fleisch wird trocken.
* Panierte Fische sowie Fleischstücke sollten sofort in die Pfanne, weil die Panade sonst aufweicht. Den Fisch bzw. das Fleisch also erst in Mehl, Eiern und Semmelbröseln wenden, wenn das Fett schon in der Pfanne brutzelt.
* Lauch ist oft stark durch Sand und Erde verschmutzt. Schneidet die ganze Stange vom grünen Ende her längs ein, aber nicht ganz durch. Dann gründlich unter fließendem Wasser spülen.
* Kommt zu viel Salz aus dem Streuer, verschließt einfach einige Löcher mit farblosem Nagellack.
* Ganze Gewürze wie Nelken, Pfefferkörner und Lorbeerblätter, die nicht mitgegessen werden sollen, lassen sich gut in einem Teenetz oder einem Stoffsäckchen mitkochen. So erspart man sich anschließend das Herausfischen der einzelnen Gewürze.
* Den Belag für die Pizza solltet ihr erst unmittelbar vor dem Backen auf dem Teig verteilen, damit er nicht durchweicht.
* Größere Mengen von Frikadellen in der Pfanne zu braten, ist sehr zeit- und geruchsintensiv. Besser gehts im Ofen. Die Frikadellen

auf ein gefettetes Backblech legen und bei 200 °C garen.

* Fleisch sollte man immer erst kurz vor seiner Verarbeitung salzen, da das Salz es sonst austrocknet. Klein geschnittene Fleischstücke wie z. B. Gulasch erst nach der Hälfte der Garzeit salzen.
* Blattsalate sollten nicht mehr nass sein, wenn sie mit dem Dressing in Berührung kommen, da dieses sonst fad und wässrig wird und sich nicht so gut um die Blätter legen kann. Daher solltet ihr Blattsalate immer mit einer Salatschleuder oder in einem Küchentuch trocknen. Dazu den Salat in das Küchentuch geben und dieses schwenken.
* Unangenehmen Fischgeruch an Händen und Arbeitsgeräten könnt ihr vermeiden, indem ihr die Hände vorher anfeuchtet, Arbeitsgeräte zuerst mit Papier abreibt, dann kalt abspült und dann erst mit Spülmittel und heißem Wasser reinigt.
* Blattsalate bleiben länger frisch, wenn sie in Küchenpapier eingewickelt und in einem Plastikbeutel oder einer luftdichten Dose im Gemüsefach aufbewahrt werden.
* Wenn ihr Fleisch vor dem Grillen mit ein wenig Öl bepinselt, bleibt es saftiger, da das Öl sofort die Poren verschließt und keinen Saft nach außen treten lässt. Je nach Ölsorte kann dieses auch als Würze dienen.
* Am besten schmeckt Pfeffer frisch gemahlen. Die Anschaffung einer kleinen Pfeffermühle lohnt sich!
* Abgepackten geriebenen Käse möglichst nur im Notfall benutzen – frisch gerieben schmeckt Käse viel aromatischer!
* Gegartes Fleisch sollte man vor dem Anschneiden 10 Minuten ruhen lassen. Sonst tritt zu viel Bratensaft aus und das Fleischstück verliert an Saftigkeit.
* Tiefgefrorenes Brot taut bei Zimmertemperatur in 4 bis 6 Stunden auf. Es sollte ohne Verpackung und auf luftdurchlässiger Unterlage aufgetaut werden, sodass die Feuchtigkeit nach allen Seiten hin verdunsten kann.
* Ein Tomatensalat sollte immer nur mit ganz wenig Essig oder Zitronensaft gewürzt werden, denn Tomaten selbst enthalten schon reichlich Säure.
* Salatsauce lässt sich gut auf Vorrat vorbereiten. In einem Glas mit Schraubverschluss hält sie sich im Kühlschrank bis zu 1 Woche.

PANNENHILFE

* Wenn das Fleisch beim Anbraten Saft zieht, das Fleisch herausnehmen und abtropfen lassen. Den Fleischsaft im Topf so lange kochen, bis sich eine braune Kruste bildet. Dann das Fleisch portionsweise wieder dazugeben und braun braten.
* Einen angebrannten Kuchen kann man retten, indem man ihn zuerst abkühlen lässt und dann den angebrannten Teil großzügig abschneidet. Unter einer dicken Schicht Puderzucker oder Schokoladenglasur fällt das Missgeschick gar nicht mehr auf.
* Wenn Eischnee nicht fest wird, können ein paar Tropfen Zitronensaft oder 1 Prise Salz Abhilfe schaffen. Zu warmes Eiweiß sollte vorher im Gefrierfach gekühlt werden.
* Wenn der Kuchen zu trocken geworden ist, kann man mit einem Holzstäbchen Löcher hineinstechen und Fruchtsaft darüberträufeln. Dadurch wird er wieder saftiger.
* Ist eine Speise zu scharf geraten, kann man die Schärfe durch Zugabe von etwas Sahne, Joghurt oder Kokosmilch (bei asiatischen Gerichten) abmildern oder eine Kartoffel mitkochen bzw. hineinreiben.
* Stumpfe Küchenscheren werden wieder scharf, wenn man ein Blatt Sandpapier einige Male durchschneidet.
* Wenn Fischfilet zerkocht ist und zerfällt, kann man es immer noch als Ragout in einer Sauce servieren. Sind die Teile auch dazu zu zerkocht, bietet sich die Verarbeitung zu Fischfrikadellen an.

FITNESS
VOLLKORN

FÜR DEN KLEINEN HUNGER

Ein kleines Frühstück gefällig, ein Energiekick zwischendurch oder etwas, das gut verpackt in der Tasche auf eine Vorlesungs-Pause wartet? Bitteschön: In diesem Kapitel findet ihr lauter leckere Ideen für den kleinen Hunger morgens, mittags, abends oder zwischendurch.

ACE-Drink

Zubereitungszeit ca. 10 Minuten | pro Portion ca. 188 kcal/789 kJ, 4 g E, 3 g F, 33 g KH

Für 4 Portionen
2 Pfirsiche
6 Orangen
200 ml Birnensaft
2 El Mandelmus

1 Die Pfirsiche waschen, halbieren und entsteinen. Die Hälften in ein hohes Gefäß geben. Die Orangen halbieren und 4 Scheiben für die Deko herausschneiden. Aus den Orangenhälften den Saft auspressen.

2 Den Orangensaft zusammen mit dem Birnensaft und dem Mandelmus zu den Pfirsichen geben und fein pürieren.

3 Den Drink auf 4 Gläser verteilen und mit den Orangenscheiben garnieren.

!!

Für einen herzhaften Power-Drink 1 Salatgurke in Stücken mit 1 Bund gehacktem Dill, 400 ml Tomatensaft, 200 ml Möhrensaft und 1 El Olivenöl fein pürieren und mit 1 Spritzer Tabasco würzen.

Erdbeer-Melonen-Shake

Zubereitungszeit ca. 15 Minuten | pro Portion ca. 206 kcal/865 kJ, 6 g E, 5 g F, 31 g KH

Für 4 Portionen
1 kg Cantaloupe-Melone
150 g Erdbeeren
1 Minzezweig
500 g Naturjoghurt
4 El Honig
Eiswürfel nach Belieben

1 Die Melone schälen, mit einem Esslöffel die Kerne herauslösen. Das Fruchtfleisch in Würfel schneiden. Die Erdbeeren putzen, waschen und in einem Sieb abtropfen lassen. Dann halbieren. Die Minze waschen und gut trocken tupfen. Die Blätter abzupfen.

2 Melonenwürfel und Erdbeeren mit dem Pürierstab pürieren. Joghurt und Honig dazugeben und nochmals gut durchrühren.

3 Den Erdbeer-Melonen-Shake in große Gläser füllen und nach Belieben Eiswürfel dazugeben.

VARIATION

FÜR EINEN HIMBEER-BANANEN-SHAKE EINFACH DIE MELONE UND DIE ERDBEEREN DURCH 750 G HIMBEEREN (FRISCH ODER TK) UND 2 BANANEN ERSETZEN.

Aprikosen-Melonen-Flakes

Zubereitungszeit ca. 10 Minuten | pro Portion ca. 384 kcal/1613 kJ, 10 g E, 11 g F, 58 g KH

Für 1 Portion
2 Aprikosen
200 g Wassermelone
250 g Aprikosenjoghurt
2 El flüssiger Honig
1 El Sesamsamen
1 Teller Cornflakes

1 Die Aprikosen waschen, halbieren und den Stein entfernen. Die Aprikosenhälften klein schneiden.

2 Die Wassermelone entkernen und ebenfalls in kleine Stücke schneiden.

3 Joghurt, Honig und Sesam in einer kleinen Schüssel verrühren. Die Cornflakes in einen tiefen Teller geben. Die Joghurt-Creme hinzugeben und alles mit den Früchten garnieren.

Knuspriges Müsli

Zubereitungszeit ca. 5 Minuten | pro Portion ca. 236 kcal/991 kJ, 7 g E, 11 g F, 27 g KH

Für 1 Portion
4 El knusprige Frühstücksflocken
1 El gehackte Haselnüsse
60 g Heidelbeeren
1 Spritzer Zitronensaft
200 ml Milch

1 Die Frühstücksflocken mit den gehackten Haselnüssen in einer Schüssel vermischen.

2 Die Heidelbeeren waschen und anschließend in einem Sieb gut abtropfen lassen. Die Heidelbeeren und den Zitronensaft zur Frühstücksflocken-Mischung geben und gut umrühren.

3 Die Mischung in ein Schälchen geben und die Milch darübergießen.

VARIATION

DAS IST EINE ANREGUNG FÜR EIN „GRUND-MÜSLI“, DAS ENDLOS VARIIERT WERDEN KANN: STATT DER HASELNÜSSE KÖNNT IHR Z. B. MANDELN NEHMEN, STATT DER HEIDELBEEREN HIMBEEREN ODER STATT DER MILCH BUTTERMILCH.

Müsliriegel

Zubereitungszeit ca. 25 Minuten | plus Backzeit ca. 20 Minuten | fertig in ca. 45 Minuten |
pro Stück ca. 105 kcal/441 kJ, 2 g E, 25 g F, 12 g KH

Für 30 Stück
150 g Trockenobst
(z. B. Aprikosen, Pflaumen, Feigen)
70 g Rosinen
100 g weiche Butter
3 El Honig
200 g Haferflocken
50 g gehackte Mandeln
50 g Kokosrapsel
100 g Weizenvollkornmehl
1 Tl Backpulver

1 Das Trockenobst und die Rosinen mit heißem Wasser übergießen und quellen lassen. Dann in ein Sieb geben und abtropfen lassen.

2 Das Trockenobst fein würfeln.

3 Den Backofen auf 180 °C (Umluft 160 °C) vorheizen. Die Butter mit dem Honig in eine Rührschüssel geben und cremig rühren. Fein gewürfelte Trockenfrüchte, Rosinen, Haferflocken, Mandeln, Kokosraspel, Mehl und Backpulver hinzugeben und alles zu einem Teig verrühren.

4 Vom Teig jeweils 1 gehäuften El abnehmen, diesen zunächst zu Kugeln und anschließend zu 2 cm breiten und 5 cm langen Riegeln formen. Diese auf ein mit Backpapier ausgelegtes Backblech setzen.

5 Die Müsliriegel auf mittlerer Schiene im vorgeheizten Backofen etwa 20 Minuten backen. Anschließend auf einem Kuchengitter auskühlen lassen.

Powerballs

Zubereitungszeit ca. 40 Minuten | pro Stück ca. 52 kcal/218 kJ, 1 g E, 2 g F, 6 g KH

Für 20 Stück
80 g Weizenvollkornschrot
80 g Datteln
50 g gemahlene Mandeln
1 El Zitronensaft
2 El Ahornsirup
20 g Sesamsamen
20 g Mohn

1 Das Weizenvollkornschrot mit 125 ml Wasser übergießen und quellen lassen. In der Zwischenzeit die Datteln entsteinen und pürieren, dabei die gemahlenen Mandeln unterarbeiten.

2 Überschüssiges Wasser vom Weizenvollkornschrot abgießen. Das gequollene Weizenschrot mit dem Zitronensaft und Ahornsirup zur Dattel-Mandel-Masse geben und ebenfalls noch einmal mit dem Pürierstab zu einer homogenen Masse verarbeiten.

3 Aus der Dattel-Mandel-Getreidemasse etwa 20 Kugeln formen. 10 Kugeln in Sesam und die restlichen in Mohn wälzen.

!

Die Powerballs könnt ihr auch super auf Vorrat vorbereiten. Sie halten sich luftdicht verpackt in einer Dose bis zu 1 Woche und helfen schnell über das Tief in der Vorlesung.

Baguettebrötchen mit Räucherlachs

Zubereitungszeit ca. 10 Minuten | pro Portion ca. 291 kcal/1222 kJ, 16 g E, 10 g F, 32 g KH

Für 1 Portion
1 Baguettebrötchen
1 El Frischkäse
40 g Räucherlachs
1 El Schnittlauchröllchen
1 El Alfalfa-Sprossen

1 Das Baguettebrötchen aufschneiden und beide Hälften mit dem Frischkäse bestreichen.

2 Den Lachs in Scheiben schneiden und auf die untere Brötchenhälfte legen. Mit Schnittlauchröllchen und Alfalfa-Sprossen bestreuen und die obere Brötchenhälfte daraufsetzen.

!! Sprossen sind nicht mehr nur im asiatischen Raum Grundnahrungsmittel, sie werden auch bei uns immer beliebter. Kein Wunder, denn sie schmecken toll, sind sehr gesund, lassen sich vielfältig einsetzen und sehen auch noch hübsch aus.

Baguette mit Gorgonzola

Zubereitungszeit ca. 15 Minuten | pro Portion ca. 652 kcal/2738 kJ, 15 g E, 22 g F, 100 g KH

Für 1 Portion

½ Birne
50 g Zucker
½ Baguette
1 El Butter
2 Blätter Friséesalat
2 Scheiben Parmaschinken
20 g Gorgonzola

1 Die Birne waschen, schälen und das Kerngehäuse entfernen. Die Birne in Spalten schneiden. Den Zucker in einem Topf auflösen und karamellisieren lassen. Die Birnenspalten im Zucker wenden, 50 ml Wasser hinzufügen und etwa 1 Minute köcheln. Die Birnen aus dem Topf nehmen und abkühlen lassen.

2 Das Baguette aufschneiden und beide Seiten mit Butter bestreichen. Die untere Hälfte mit Salatblättern belegen. Den Parmaschinken darauf verteilen.

3 Den Gorgonzola in Scheiben schneiden und auf den Schinken legen. Die Birnenschnitze darauf verteilen und mit der oberen Baguettehälfte abdecken.

VARIATION

WENN EUCH DAS KARAMELLISIEREN ZU UMSTÄNDLICH IST, KÖNNT IHR DIE BIRNENSCHEIBEN AUCH EINFACH PUR AUF DAS SANDWICH LEGEN.

Sandwich mit Radicchio und Ei

Zubereitungszeit ca. 25 Minuten | pro Portion ca. 262 kcal/1100 kJ, 14 g E, 8 g F, 30 g KH

Für 4 Portionen
1 Ei
2 Scheiben gekochter Schinken
1 Kistchen Kresse
¼ Kopf Radicchio
3 El Mascarpone
100 g Magerquark
Salz
Pfeffer
8 Scheiben Mehrkorntoast

1 Das Ei in 10 Minuten hart kochen, abschrecken und pellen. Den Schinken und das Ei fein würfeln.

2 Die Kresse mit einer Schere von den Wurzeln schneiden. Den Radicchio waschen, trocken schütteln und in feine Streifen schneiden. Alles zusammen in eine Schüssel geben, mit Mascarpone und Quark vermengen und mit Salz und Pfeffer abschmecken.

3 Die Hälfte der Brotscheiben mit dem Dip bestreichen. Die anderen Brotscheiben darauflegen und leicht andrücken. Die Brote diagonal durchschneiden und servieren.

Hot-Dog mit Putenwiener

Zubereitungszeit ca. 10 Minuten | pro Portion ca. 627 kcal/2633 kJ, 25 g E, 42 g F, 36 g KH

Für 1 Portion

½ Körnerbaguette
2 Chicoréeblätter
1 Gewürzgurke
1 El Mayonnaise
1 Putenwiener
1 El Röstzwiebeln
1 El Ketchup

1 Das Brötchen aufschneiden. Den Chicorée waschen, trocken tupfen und in feine Streifen schneiden. Die Gewürzgurke fein würfeln und mit dem Chicorée mischen.

2 Die untere Baguettehälfte mit der Mayonnaise bestreichen, die klein geschnittenen Zutaten darauf verteilen und die Wurst darauflegen.

3 Die Röstzwiebeln über die Wurst streuen, den Ketchup darüberstreichen und die obere Baguettehälfte darüberlegen.

Vollkornbrötchen mit Krabbenpaste

Zubereitungszeit ca. 20 Minuten | pro Portion ca. 245 kcal/1029 kJ, 12 g E, 9 g F, 27 g KH

Für 1 Portion
1 Blatt Eisbergsalat
1 El Frischkäse
1 Tl gehackter Dill
2 EL Nordseekrabben
Salz
Pfeffer
1 Vollkornbrötchen

1 Das Salatblatt waschen, trocken tupfen und in feine Streifen schneiden.

2 Den Frischkäse mit etwas Wasser cremig rühren. Dill, Salatstreifen und Krabben untermischen, mit Salz und Pfeffer abschmecken.

3 Das Brötchen aufschneiden und die Krabbencreme auf die untere Hälfte streichen. Die obere Hälfte daraufsetzen und leicht andrücken.

Tramezzini mit Thunfisch

Zubereitungszeit ca. 20 Minuten | pro Portion ca. 691 kcal/2902 kJ, 17 g E, 31 g F, 79 g KH

Für 1 Portion

80 g Thunfisch im eigenen Saft (aus der Dose)
1 Sardellenfilet in Salzlake (aus dem Glas)
1 Tl eingelegte Kapern
1 El Doppelrahmfrischkäse
1 El Zitronensaft
Salz
Pfeffer
4 Scheiben Toastbrot

1 Den Thunfisch abtropfen lassen und mit einer Gabel grob zerpflücken. Die Sardelle und Kapern ebenfalls abtropfen lassen. Die Sardelle unter kaltem Wasser abspülen, sonst ist sie zu salzig. Kapern und Sardelle grob hacken. Alles in eine Schüssel geben und mit Frischkäse und Zitronensaft zu einer Creme verrühren. Mit Salz und Pfeffer abschmecken.

2 Von den Toastbrotscheiben die Rinde abschneiden. 2 Scheiben mit der Thunfischpaste bestreichen, die anderen Toastbrotscheiben darauflegen und leicht andrücken. Die Tramezzini diagonal durchschneiden, damit sie ihre typische dreieckige Form erhalten.

VARIATION

IN ITALIENS BARS FINDET MAN ZWISCHEN DEN BROTSCHEIBEN AUCH TOMATEN MIT MOZZARELLA UND BASILIKUM, GEKOCHTEN SCHINKEN MIT PROVOLONE, EINEM ITALIENISCHEN SCHNITTKÄSE, ODER PARMASCHINKEN, HONIGMELONE UND RUCOLA – DER FANTASIE SIND BEIM BELEGEN KEINE GRENZEN GESETZT!

Käse-Kräuter-Muffins

Zubereitungszeit ca. 25 Minuten | plus Backzeit ca. 25 Minuten | fertig in ca. 50 Minuten |
pro Stück ca. 260 kcal/1090 kJ, 8 g E, 16 g F, 23 g KH

Für 12 Stück
125 g Butter
350 g Weizenmehl
3 Tl Backpulver
1 Tl Salz
½ Bund Schnittlauch
½ Bund glatte Petersilie
4 Zweige Thymian
125 g mittelalter Gouda
250 ml Milch
2 Eier
2 El Olivenöl
2 El Paniermehl
Ölivenöl für das Blech

1 Den Backofen auf 200 °C (Umluft 180 °C) vorheizen. Die Butter in einem Topf zerlassen. Mehl, Backpulver und Salz in einer Schüssel miteinander vermischen. Die Kräuter waschen, mit Küchenkrepp trocken tupfen, die Blätter von den Petersilien- und Thymianstängeln zupfen und alles fein hacken. Den Gouda auf einer mittelfeinen Küchenreibe reiben.

2 Kräuter und Käse mit der Mehlmischung vermengen. Milch und Eier in einer anderen Schüssel verquirlen und dann mit der zerlassenen Butter unter die Mehlmischung heben. Nur so lange rühren, bis sich die Zutaten gerade verbunden haben; zu starkes Mixen des Teigs führt dazu, dass die Muffins zäh werden.

3 12 Muffinförmchen oder ein Muffinblech mit Olivenöl ausstreichen und mit Paniermehl bestreuen. Den Teig auf die Förmchen verteilen und im Backofen auf der 2. Schiene von unten 20–30 Minuten backen. Um zu prüfen, ob die Muffins fertig sind, die Garprobe machen: Hierfür einen Schaschlikspieß aus Holz in einen Muffin stechen. Wenn kein Teig am Stäbchen kleben bleibt, sind die Muffins fertig. Ansonsten noch einige Minuten weiterbacken.

4 Die Muffins aus dem Ofen holen, einige Minuten abkühlen lassen, dann an den Rändern entlang vorsichtig mit einem Messer von der Form lösen.

!!

Diese Muffins sind der perfekte Snack für zwischendurch! Einmal gebacken halten sie sich gut verschlossen in einer Plastik- oder Keksdose mehrere Tage, und in Alufolie oder Frühstücksbeutel verpackt sind sie ideal für unterwegs.

VARIATION

STATT DER KRÄUTER KÖNNT IHR AUCH 150 G KLEIN GESCHNITTENEN ROHEN SCHINKEN IN DIE MISCHUNG GEBEN. ODER FÜR DIE ITALIENISCHE VARIANTE EINE MISCHUNG AUS PARMESAN, GEHACKTEN SCHWARZEN OLIVEN UND GEHACKTEM ROSMARIN.

Herzhafte Quarkhörnchen

Zubereitungszeit ca. 15 Minuten | plus Backzeit ca. 15 Minuten | fertig in ca. 30 Minuten |
pro Stück ca. 196 kcal/823 kJ, 16 g E, 12 g F, 6 g KH

Für 4 Stück
Fertigteig für 4 Croissants
2 El Butter
100 g Räucherlachs in Scheiben
8 Streifen eingelegte Paprika (aus dem Glas)
80 g Magerquark
2 El gehackter Dill (frisch oder TK)
Salz
Pfeffer

1 Den Backofen auf 200 °C (Umluft 180 °C) vorheizen. Den Teig auf einer Arbeitsfläche auslegen.

2 Die Butter in einem Topf schmelzen. Den Lachs und die Paprikastreifen würfeln und mit dem Quark mischen. Butter und Dill zugeben, mit Salz und Pfeffer würzen. Die Mischung auf den Teig geben.

3 Den Teig nach Packungsanweisung zu Croissants aufrollen, auf ein mit Backpapier belegtes Backblech legen und im Ofen etwa 15 Minuten backen.

VARIATION

STATT LACHS UND PAPRIKA KÖNNT IHR AUCH JE 50 G SCHINKEN- UND KÄSEWÜRFEL UNTER DEN QUARK MISCHEN. DANN PASSEN PETERSILIE ODER GEMISCHTE KRÄUTER JEDOCH BESSER ALS DILL.

Überbackenes Thunfischtoast

Zubereitungszeit ca. 20 Minuten | pro Portion ca. 353 kcal/1483 kJ, 14 g E, 27 g F, 14 g KH

Für 4 Portionen

4 Scheiben Toastbrot
1 El Butter
150 g Thunfisch im eigenen Saft (aus der Dose)
2 Tomaten
4 Scheiben Käse

1 Den Backofen auf 225 °C (Umluft 200 °C) vorheizen. Das Toastbrot im Toaster rösten, dann etwas abkühlen lassen. Die Scheiben mit Butter bestreichen und auf ein mit Backpapier ausgelegtes Backblech legen.

2 Den Thunfisch zum Abtropfen in ein Sieb geben. Die Tomaten waschen, vom Stielansatz befreien und in Scheiben schneiden. Den Thunfisch auf den Toastscheiben verteilen, mit Tomatenscheiben belegen und mit Käse bedecken.

3 Die Toasts auf der mittleren Schiene so lange überbacken, bis der Käse geschmolzen ist.

!!

Toastbrot gibt es in Deutschland erst seit dem Ende der 1950er Jahre. Wenn auch nicht vergleichbar mit frischem Brot, so überzeugen doch die Vorteile: Es hält sich längere Zeit, ist schon geschnitten und ist nach dem Toasten immer knusprig frisch!

Superschnelles Rührei

Zubereitungszeit ca. 10 Minuten | pro Portion ca. 223 kcal/936 kJ, 15 g E, 17 g F, 1 g KH

Für 4 Portionen
8 Eier
Salz
Pfeffer
20 g Butter

1 Die Eier aufschlagen, miteinander verquirlen und mit Salz und Pfeffer würzen.

2 Die Butter in einer beschichteten Pfanne erhitzen. Die Eier in die Pfanne geben, etwas stocken lassen und unter weiterem Schieben der Eiermasse garen. Nicht zu lange auf dem Herd lassen, sonst wird das Rührei trocken.

VARIATION

UM EIN SCHLICHTES RÜHREI AUFZUPEPPEN, GIBT ES 1000 MÖGLICHKEITEN: FEIN GEHACKTE KRÄUTER UNTER DIE VERQUIRLTEN EIER RÜHREN, GARNELEN ODER LACHS MIT ETWAS DILL, ROHEN ODER GEKOCHTEN SCHINKEN IN WÜRFELN UND UND UND ...

Frittata mit Gemüse

Zubereitungszeit ca. 20 Minuten | plus Bratzeit ca. 10 Minuten | fertig in ca. 30 Minuten |
pro Portion ca. 365 kcal/1528 kJ, 54 g E, 10 g F, 12 g KH

!!

Eine Frittata ist ein italienisches Omelett und wird, wie die spanische Tortilla, kalt oder warm als Vorspeise oder zum Aperitif gegessen. Als klassisches Resteessen kann eine Frittata die unterschiedlichsten Zutaten enthalten: von verschiedenem Gemüse über Käse bis zu Fisch, Fleisch oder Schinken.

Für 4 Portionen

200 g Möhren
3 Schalotten
400 g Zucchini
1 Knoblauchzehe
1 El Rosmarinnadeln
4 Eier
3 El Sahne
2 El frisch geriebener Parmesan
Salz
Pfeffer
2 El Olivenöl

1 Die Möhren und Schalotten schälen, die Zucchini waschen. Alles auf einer Gemüsereibe reiben und in eine Schüssel geben. Den Knoblauch schälen und durch die Presse drücken oder fein hacken. Die Rosmarinnadeln hacken. Knoblauch und Rosmarin mit dem Gemüse vermischen.

2 Die Eier mit der Sahne und dem Parmesan verrühren und mit Salz und Pfeffer abschmecken. Die Mischung zum Gemüse geben und alles gut vermengen.

3 Das Öl in einer Pfanne erhitzen. Aus dem Gemüseteig Fladen formen und diese im heißen Öl von beiden Seiten knusprig braten. Aus der Pfanne nehmen und auf Küchenpapier abtropfen lassen. Sofort heiß servieren.

Pizzawaffeln mit Salami und Schinken

Zubereitungszeit ca. 20 Minuten | plus Backzeit ca. 10 Minuten | fertig in ca. 30 Minuten |
pro Stück ca. 465 kcal/1953 kJ, 20 g E, 31 g F, 25 g KH

Für 4 Stück
50 g weiche Butter
2 Eier
120 g Mehl
2 Tl Backpulver
100 g Salami
100 g gekochter Schinken
1 Zwiebel
2 Knoblauchzehen
2 Tomaten
40 g frisch geriebener Gouda
Salz
Pfeffer
1 Tl getrockneter Oregano
Olivenöl für das Waffeleisen

1 Butter und Eier mit dem Handmixer schaumig rühren. Das Mehl mit dem Backpulver mischen und mit der Buttermischung verrühren. 100 ml Wasser dazugeben.

2 Salami und Schinken in Würfel schneiden. Zwiebel und Knoblauch schälen und hacken. Tomaten waschen, vom Stielansatz befreien und fein hacken. Alles unter den Waffelteig mischen. Den Käse einrühren und mit Salz, Pfeffer und Oregano abschmecken.

3 Das Waffeleisen mit Olivenöl einfetten und nacheinander 4 Pizzawaffeln backen.

!!
Besonders lecker sind die Waffeln natürlich frisch, sie lassen sich aber auch gut zu Hause backen und dann für unterwegs mitnehmen.

Spinatwaffeln mit Butterkäse

Zubereitungszeit ca. 20 Minuten | plus Backzeit ca. 15 Minuten | fertig in ca. 35 Minuten |
pro Portion ca. 174 kcal/730 kJ, 6 g E, 11 g F, 9 g KH

Für 4 Portionen
500 g TK-Spinat
1 Zwiebel
150 g weiche Butter
Salz
Pfeffer
frisch geriebene Muskatnuss
100 g geraspelter Butterkäse
4 Eier
100 ml Milch
200 g Mehl
½ Tl Backpulver
Butter für das Waffeleisen

1 Den Spinat nach Packungsanweisung auftauen lassen. Die Zwiebel schälen und hacken. 50 g Butter in einer Pfanne erhitzen, die Zwiebel darin andünsten. Den Spinat dazugeben, einige Minuten mitdünsten, kräftig mit Salz, Pfeffer und Muskat würzen.

2 Die restliche Butter mit Käse, Eiern, Milch, Mehl und Backpulver verrühren. Den Spinat vorsichtig unter den Teig ziehen.

3 Das Waffeleisen vorheizen, mit Butter einstreichen und portionsweise aus jeweils 3 El Teig Waffeln backen.

Dazu schmeckt Kräuterquark oder ein Dip aus Frischkäse, saurer Sahne und Gorgonzola. !!

HEISSE SUPPENLIEBE

Fast jeder hat eine Lieblingssuppe – kein Wunder, denn eine leckere, dampfende Suppe ist das perfekte Mood Food: Sie wärmt, spendet Energie, tröstet, und macht einfach glücklich! Unsere Suppen lassen sich außerdem leicht nachkochen, gut auf Vorrat zubereiten und aufwärmen und machen, im großen Topf gekocht, auch große Runden satt.

VARIATION

EINE KLASSISCHE MÖHRENSUPPE WIRD OHNE INGWER, KOKOSMILCH, KREUZKÜMMEL UND KORIANDER GEMACHT. STATTDESSEN WIRD DIE SUPPE MIT KLEIN GESCHNITTENEM SUPPENGRÜN GEKOCHT UND MIT SALZ, PFEFFER, GERIEBENER MUSKATNUSS, EINEM SPRITZER ZITRONENSAFT UND ETWAS SAHNE ABGESCHMECKT.

Möhren-Ingwer-Suppe

Zubereitungszeit ca. 20 Minuten | plus Kochzeit ca. 20 Minuten | fertig in ca. 40 Minuten |
pro Portion ca. 410 kcal/1710 kJ, 6 g E, 26 g F, 26 g KH

Ihr könnt auch die gesamte Suppe pürieren oder den Pürierstab ganz im Schrank lassen – ob cremig oder knackig, das ist einfach Geschmackssache!

Für 4 Portionen

1 Zwiebel
2 Knoblauchzehen
1 Stück Ingwer (ca. 3 cm)
500 g Möhren
4 Kartoffeln
1 El Sonnenblumenöl
250 ml Weißwein
375 ml Gemüsebrühe
500 ml ungesüßte Kokosmilch
Salz
Pfeffer
½ Bund Koriander
¼ Tl gemahlener Kreuzkümmel

1 Zwiebel und Knoblauch abziehen und sehr fein hacken. Den Ingwer schälen und in kleine Würfel schneiden. Die Möhren waschen, putzen und schälen. Erst längs halbieren, dann in Scheiben schneiden. Die Kartoffeln ebenfalls waschen, schälen und würfeln.

2 Das Öl in einem Topf erhitzen. Zwiebel, Knoblauch und Ingwer darin andünsten. Die Möhren hinzufügen und kurz anbraten. Die Kartoffeln zugeben und alles mit Weißwein und Gemüsebrühe ablöschen. Die Suppe kurz aufkochen, dann zugedeckt bei kleiner Hitze ca. 20 Minuten köcheln lassen, nach 15 Minuten die Kokosmilch angießen.

3 In der Zwischenzeit den Koriander waschen und mit Küchenkrepp trocken tupfen. Die Blättchen von den Stielen zupfen und fein hacken.

4 Nach Ablauf der 20 Minuten eine Suppenkelle voll Gemüse herausnehmen und beiseitestellen. Die restliche Suppe pürieren und mit Salz, Pfeffer und Kreuzkümmel würzen. Das nicht pürierte Gemüse wieder hinzufügen. Vor dem Servieren den gehackten Koriander über die Suppe streuen.

Süsskartoffelsuppe mit Chili

Zubereitungszeit ca. 20 Minuten | plus Garzeit ca. 25 Minuten | fertig in ca. 45 Minuten |
pro Portion ca. 253 kcal/1062 kJ, 3 g E, 6 g F, 44 g KH

Für 4 Portionen
2 Zwiebeln
2 Knoblauchzehen
2 rote Chilischoten
700 g Süßkartoffeln
2 El Öl
½ Tl Paprikapulver
1 l Hühnerbrühe
4 El Crème fraîche
4 El Schnittlauchröllchen

1 Die Zwiebeln und den Knoblauch schälen, die Chilis putzen, entkernen und alles hacken. Die Süßkartoffeln schälen, waschen und würfeln.

2 Das Öl erhitzen, Zwiebeln, Knoblauch und Chilis mit dem Paprikapulver darin unter Rühren anschmoren. Die Süßkartoffelwürfel dazugeben und kurz mitschmoren. Die Brühe angießen und aufkochen.

3 Die Suppe etwa 20 Minuten köcheln lassen, dann pürieren. Mit Salz und Pfeffer abschmecken. Auf jeden Teller Suppe 1 Klecks Crème fraîche geben und Schnittlauchröllchen darüberstreuen.

!!

Frische Kräuter schmecken toll und peppen jedes Gericht auf, sowohl geschmacklich als auch optisch. Falls ihr bestimmte Kräuter jedoch nicht frisch bekommt oder ihr euch das Waschen und Hacken sparen wollt, könnt ihr auch auf gehackte Kräuter aus dem Tiefkühlfach zurückgreifen.

Gemüsesuppe

Zubereitungszeit ca. 20 Minuten | plus Garzeit ca. 30 Minuten | fertig in ca. 50 Minuten |
pro Portion ca. 305 kcal/1281 kJ, 5 g E, 22 g F, 22 g KH

Für 4 Portionen
1 Zwiebel
3 Möhren
1 Stange Staudensellerie
2 Zucchini
2 Kartoffeln
4 El Butter
1,5 l Gemüsebrühe
Salz
Pfeffer
2 El frisch gehackte Petersilie

1 Zwiebel und Möhren schälen und in Ringe bzw. Scheiben schneiden. Staudensellerie putzen, waschen und würfeln. Zucchini putzen, waschen und in Scheiben schneiden, Kartoffeln waschen, schälen und würfeln.

2 Die Butter in einem großen Topf erhitzen und das Gemüse hineingeben. 5 Minuten dünsten, dabei immer wieder rühren. Dann die Gemüsebrühe angießen. Die Suppe etwa 25 Minuten köcheln, bis das Gemüse bissfest ist.

3 Die Gemüsesuppe mit Salz und Pfeffer abschmecken und mit Petersilie bestreut servieren.

VARIATION

DIESE SUPPE IST EINE RICHTIGE VITAMINBOMBE UND VERTRÄGT SICH AUCH GUT MIT WEITEREN GEMÜSESORTEN WIE BLUMENKOHL, LAUCH ODER KÜRBIS. FLEISCHLIEBHABER KÖNNEN MIT DEM GEMÜSE 50G SPECKWÜRFEL ANBRATEN.

Linsensuppe mit Mettwürstchen

Zubereitungszeit ca. 25 Minuten | plus Garzeit ca. 50 Minuten | fertig in ca. 1 Stunde 15 Minuten |
pro Portion ca. 510 kcal/2130 kJ, 32 g E, 23 g F, 44 g KH

Für 4 Portionen

1 Zwiebel
1 Stange Lauch
2 Möhren
¼ Knollensellerie
1 El Sonnenblumenöl
300 g braune Linsen
500 ml Gemüsebrühe
4 Mettwürstchen
1 Tl getrockneter Liebstöckel (Maggikraut)
½ Tl getrockneter Majoran
1 Tl Salz
Pfeffer
1 El Weißweinessig

1 Die Zwiebel abziehen und fein hacken. Die grünen Blätter und die Wurzel des Lauchs abschneiden. Den Lauch längs halbieren, die Stange auffächern und unter fließendem Wasser auswaschen. Dann den Lauch quer in Ringe schneiden. Die Möhren waschen, putzen und schälen. Zuerst längs halbieren und dann in Scheiben schneiden. Den Sellerie schälen und würfeln.

2 Das Sonnenblumenöl in einem Topf erhitzen und die Zwiebel darin glasig dünsten. Das Gemüse dazugeben und kurz andünsten. Dann Linsen und Gemüsebrühe dazugeben und aufkochen lassen. Die Hitze reduzieren und die Suppe zugedeckt ca. 45 Minuten auf kleiner Flamme köcheln lassen. Inzwischen die Mettwürste in Scheiben schneiden und nach 25 Minuten in die Suppe geben.

3 Die Suppe mit Liebstöckel, Majoran, Salz, Pfeffer und Weißweinessig abschmecken und servieren.

VARIATION

NOCH DEFTIGER SCHMECKT DIESER KLASSIKER, WENN IHR MIT DER ZWIEBEL KLEINE SPECKWÜRFEL ANBRATET. AUSSERDEM KÖNNT IHR NEBEN DEM GEMÜSE NOCH GEWÜRFELTE KARTOFFELN MIT IN DIE SUPPE GEBEN.

VARIATION

DIESE SUPPE SCHMECKT AUCH MIT ANDEREN KÜRBISSORTEN – DER HOKKAIDO-KÜRBIS HAT ALLERDINGS EINEN ENTSCHEIDENDEN VORTEIL: MAN KANN DIE SCHALE MITESSEN UND SPART SICH ALSO MÜHSAMES SCHÄLEN.

Kürbissuppe mit Thymian

Zubereitungszeit ca. 25 Minuten | plus Garzeit ca. 25 Minuten | fertig in ca. 50 Minuten |
pro Portion ca. 270 kcal/1130 kJ, 5 g E, 19 g F, 18 g KH

Für 4 Portionen
1 Zwiebel
1 Kartoffel
600 g Hokkaido-Kürbis
2 El Rapsöl
2 El Anisschnaps
700 ml Brühe
3 Zweige Thymian
3 Zweige Zitronenthymian
Salz
Pfeffer
125 g Crème fraîche

1 Die Zwiebel schälen und fein hacken. Die Kartoffel waschen, schälen und würfeln. Den Kürbis waschen und halbieren. Die Kerne und weiches, faseriges Fruchtfleisch mit einem Löffel entfernen. Das feste Fleisch (mit Schale) in Stücke schneiden.

2 Das Öl in einem Topf erhitzen, die Zwiebelwürfel darin bei mäßiger Temperatur glasig dünsten. Kartoffel- und Kürbisstücke hinzugeben. Mit dem Anisschnaps ablöschen, kurz aufkochen lassen, dann die Brühe angießen.

3 Beide Thymiansorten waschen, die Zweige mit einem Bindfaden zusammenbinden (so kann man die Zweige später besser wieder herausfischen) und zur Suppe geben. Ca. 20 Minuten köcheln lassen.

4 Nach Ende der Kochzeit den Thymian entfernen und die Suppe mit einem Pürierstab pürieren. Salzen und pfeffern.

5 Die Hälfte der Crème fraîche in die Suppe rühren, die Suppe auf Teller verteilen und mit der restlichen Crème fraîche garnieren.

!! Vorsicht beim Anbraten von Zwiebeln! Die Hitze sollte nicht zu hoch sein, sonst brennen die Zwiebeln an und schmecken bitter. Besser bei eher mäßiger Hitze andünsten.

Zwiebeln würfeln.

Kürbis in Stücke schneiden.

Suppe pürieren.

Lauch-Käse-Suppe mit Hack

Zubereitungszeit ca. 15 Minuten | plus Garzeit ca. 20 Minuten | fertig in ca. 35 Minuten |
pro Portion ca. 473 kcal/1987 kJ, 24 g E, 36 g F, 6 g KH

Für 4 Portionen
2 Zwiebeln
2 Stangen Lauch
3 El Öl
300 g gemischtes Hackfleisch
Salz
Pfeffer
225 ml Weißwein
500 ml Gemüsebrühe
250 g Kräuterschmelzkäse

1 Die Zwiebeln schälen und in dünne Ringe schneiden. Den Lauch putzen, von oben längs einschneiden und gründlich unter fließendem Wasser waschen. Trocknen und in Ringe schneiden.

2 Das Öl in einer Pfanne erhitzen. Lauch und Zwiebeln darin glasig schmoren. Das Hackfleisch zugeben und krümelig braten. Mit Salz und Pfeffer würzen und etwa 10 Minuten abgedeckt schmoren. Wein und Brühe zugeben und aufkochen lassen.

3 Den Schmelzkäse unter Rühren in der Suppe schmelzen lassen und nochmals mit Salz und Pfeffer abschmecken.

!! Aufgrund seiner stark vergrößerten Oberfläche verdirbt Hackfleisch besonders schnell. Daher lange Wege von der Supermarkt- oder Metzger-Kühltheke bis zum heimischen Kühlschrank vermeiden und rasch verbrauchen.

Tomatensuppe mit Basilikum

Zubereitungszeit ca. 25 Minuten | plus Garzeit ca. 40 Minuten | fertig in ca. 1 Stunde 5 Minuten |
pro Portion ca. 3 g E, 4 g F, 9 g KH

Für 4 Portionen
1 kg Tomaten
1 Zwiebel
2 Stangen Staudensellerie
3 El Öl
1 Lorbeerblatt
150 ml Gemüsebrühe
Salz
Pfeffer
2–3 Spritzer Tabasco

1 Die Tomaten waschen, kreuzweise einritzen und mit kochendem Wasser überbrühen. Kurz warten, dann kalt abschrecken und die Haut abziehen. Die Stielansätze und Kerne entfernen und das Fruchtfleisch klein schneiden.

2 Die Zwiebel schälen und hacken. Den Sellerie putzen, waschen und in Scheiben schneiden. Das Öl in einem Topf erhitzen und die Zwiebel darin andünsten. Tomaten, Sellerie und Lorbeerblatt hinzufügen und kurz schmoren. Dann die Gemüsebrühe angießen und aufkochen.

3 Die Tomatensuppe etwa 30 Minuten köcheln, bis das Gemüse weich ist. Die Suppe pürieren, mit Salz, Pfeffer und Tabasco abschmecken. Den Basilikum unterrühren.

Tipp

FRISCHES BASILIKUM, WIE AUCH ANDERE FRISCHE KRÄUTER IM BUND GEKAUFT, HÄLT SICH AM BESTEN, WENN MAN ES IN FEUCHTES KÜCHENPAPIER EINSCHLÄGT, MIT DEM KÜCHENPAPIER IN EINE PLASTIKTÜTE LEGT UND IM GEMÜSEFACH DES KÜHLSCHRANKS LAGERT. SO BLEIBEN FRISCHE KRÄUTER BIS ZU 1 WOCHE FRISCH.

Kartoffelsuppe mit Würstchen

Zubereitungszeit ca. 15 Minuten | plus Garzeit ca. 30 Minuten | fertig in ca. 45 Minuten |
pro Portion ca. 425 kcal/1778 kJ, 18 g E, 25 g F, 32 g KH

Für 4 Portionen

1 Zwiebel
½ Stange Lauch
2 Möhren
½ Knollensellerie
1 kg mehlig kochende Kartoffeln
2 El Öl
1,5 l Gemüsebrühe
1 Lorbeerblatt
Salz
Pfeffer
½ Bund glatte Petersilie
4 Paar Wiener Würstchen

1 Die Zwiebel schälen und fein hacken. Den Lauch putzen. Dafür den Wurzelansatz abschneiden, äußere Blätterschicht entfernen und die Stange vom Grün her bis zur Hälfte einschneiden. Unter fließendem Wasser zwischen den Blattschichten gut spülen, da sich dort oft Erde befindet. Dann den Lauch in Ringe schneiden. Möhren und Sellerie waschen, putzen, schälen und würfeln. Kartoffeln schälen, waschen und in kleine Würfel schneiden.

2 Das Öl in einem großen Topf erhitzen, Zwiebel und Gemüse darin unter Rühren anrösten. Die Kartoffeln zugeben und kurz mitschmoren. Die Brühe angießen. Lorbeerblatt, Salz und Pfeffer hinzufügen und alles bei schwacher Hitze ca. 25 Minuten garen.

3 Nach Ablauf der Garzeit die Suppe zerstampfen oder pürieren. Die Petersilie waschen, trocknen und fein hacken. Die Würstchen in Scheiben schneiden und in der Suppe erhitzen. Die Suppe mit Petersilie bestreut servieren.

Kartoffeln würfeln.

Gemüse anrösten.

Suppe zerstampfen.

VARIATION

IHR KÖNNT AUCH DIE WÜRSTCHEN WEGLASSEN UND DAFÜR VOR DEM SERVIEREN EIN PAAR STREIFEN RÄUCHERLACHS AUF DIE SUPPE GEBEN. DAZU NOCH ETWAS SAHNE ODER CRÈME FRAÎCHE UNTER DIE SUPPE GERÜHRT – HMMMMM ...

Rezepte für Kartoffelsuppe gibt es wie Sand am Meer – bei dieser klassischen Variante mit Wiener Würstchen werden Kindheitserinnerungen wach!

Verschiedene Gemüsesorten haben unterschiedliche Garzeiten. Daher sollte man nicht alles gleichzeitig in den Topf werfen, sondern mit dem Gemüse mit der längsten Garzeit beginnen – in diesem Fall mit den Möhren.

Orientalischer Kichererbseneintopf

Zubereitungszeit ca. 20 Minuten | plus Garzeit ca. 20 Minuten | fertig in ca. 40 Minuten |
pro Portion ca. 430 kcal/1800 kJ, 31 g E, 10 g F, 51 g KH

Für 4 Portionen

350 g Hähnchenbrust
2 Möhren
1 Stange Lauch
1 rote Paprikaschote
1 gelbe Paprikaschote
450 g Kichererbsen (aus der Dose)
100 g Bulgur
2 El Olivenöl
1 El Curry
1½ l Geflügelbrühe
½ Bund Petersilie
2 El flüssiger Akazienhonig
Salz
Pfeffer

1 Die Hähnchenbrust unter kaltem Wasser abbrausen, trocken tupfen und in Streifen schneiden. Die Möhren waschen, putzen, schälen und in Scheiben schneiden. Die Wurzel und den oberen Teil des Grüns vom Lauch abschneiden. Den Lauch von oben längs einschneiden und unter kaltem Wasser abbrausen. In feine Ringe schneiden. Die Paprikaschoten waschen, halbieren, Stielansätze, Trennwände und Kerne entfernen und das Fruchtfleisch in Rauten schneiden. Die Kichererbsen in ein Sieb abgießen.

2 Den Bulgur waschen, mit 200 ml kochendem Wasser übergießen und abgedeckt ca. 20 Minuten ausquellen lassen.

3 Das Öl in einem Topf erhitzen. Den Curry hineingeben und kurz anschwitzen, mit der Brühe ablöschen. Zum Kochen bringen, die Möhren hineingeben und ca. 10 Minuten bei kleiner Hitze köcheln lassen. Dann Lauch, Paprika, Kichererbsen und Hähnchenfleisch zugeben und ca. 10 Minuten weitergaren.

4 Inzwischen die Petersilie waschen und mit Küchenkrepp trocken tupfen. Die Blätter von den Stielen zupfen und fein hacken.

5 Die Suppe mit Honig, Salz und Pfeffer abschmecken. Die Petersilie in die Suppe geben. Den Bulgur ggfs. abgießen, sollte nicht das ganze Wasser aufgesogen worden sein, und ebenfalls in den Eintopf rühren.

Dazu schmeckt Fladenbrot.

VARIATION

DER EINTOPF SCHMECKT AUCH LECKER MIT GETROCKNETEN ROTEN LINSEN ANSTELLE DER KICHERERBSEN. GEBT EINFACH 200 G ROTE LINSEN UND CA. 50 ML ZUSÄTZLICHE BRÜHE ZUSAMMEN MIT LAUCH, PAPRIKA UND HÄHNCHEN IN DIE SUPPE.

ESSEN WIE BEI MAMA

Endlich raus zu Hause, hurra, jetzt wartet die große weite Welt! Das ist toll, keine Frage, und mit der Wäsche kommt ihr auch alleine klar. Trotzdem nagt manchmal das Heimweh und dann hilft nur eins: ein ordentliches Essen wie bei Muttern!

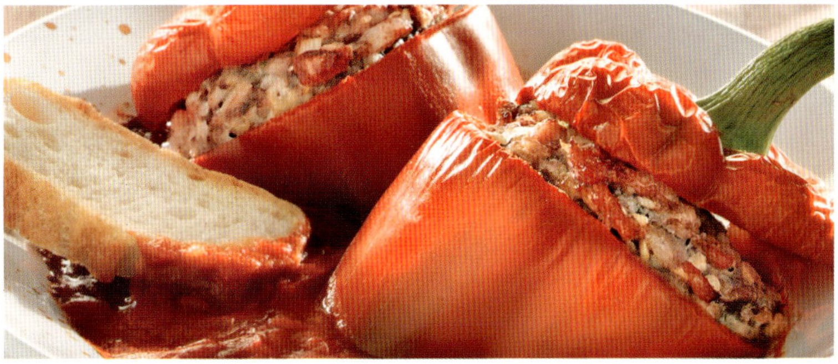

Strammer Max

Zubereitungszeit ca. 10 Minuten | plus Bratzeit ca. 10 Minuten | fertig in ca. 20 Minuten |
pro Portion ca. 350 kcal/1470 kJ, 16 g E, 21 g F, 21 g KH

Für 4 Portionen
4 Scheiben Bauernbrot
4 El Butter
4 Scheiben gekochter Schinken
1/2 Bund Schnittlauch
2 Gewürzgurken
4 Eier
Salz
Pfeffer

1 Die Brotscheiben mit Butter bestreichen und mit je 1 Scheibe gekochtem Schinken belegen. Den Schnittlauch waschen, trocken schütteln und in Röllchen schneiden. Die Gewürzgurken in Scheiben schneiden. Beides beiseitelegen.

2 Die restliche Butter in einer beschichteten Pfanne bei mittlerer Hitze schmelzen lassen. Aus den Eiern 4 Spiegeleier braten (je nach Größe der Pfanne gleichzeitig oder nacheinander): dafür das Ei am Pfannenrand aufschlagen und in die Pfanne gleiten lassen. Dann bei mäßiger Hitze langsam braten, bis das Eiweiß fest ist. Salzen und pfeffern.

3 Je 1 Spiegelei auf 1 Brotscheibe legen. Die Brote mit dem Schnittlauch bestreuen und mit Gewürzgurken servieren.

VARIATION

ANSTELLE VON SCHINKEN KÖNNT IHR AUCH KROSS GEBRATENEN BACON AUF DIE BROTE LEGEN.

Bratkartoffeln mit Speck

Zubereitungszeit ca. 20 Minuten | plus Gar- und Bratzeit ca. 30 Minuten | fertig in ca. 50 Minuten |
pro Portion ca. 243 kcal/1020 kJ, 10 g E, 4 g F, 37 g KH

Für 4 Portionen
1 kg festkochende Kartoffeln
Salz
100 g Schinkenspeck
1 Zwiebel
3 El Öl
Pfeffer
2 El frisch gehackter Dill

1 Die Kartoffeln waschen und in der Schale in kochendem Salzwasser etwa 20 Minuten garen. Abgießen und etwas ausdämpfen lassen. Dann die Kartoffeln pellen und abkühlen lassen. Anschließend in Scheiben schneiden.

2 Den Speck in sehr feine Würfel schneiden. Die Zwiebel schälen und fein hacken. Das Öl in einer gusseisernen Pfanne sehr heiß werden lassen und die Kartoffelscheiben hineingeben. Auf der Unterseite bräunen, dann durch Schwenken der Pfanne die Kartoffeln wenden.

3 Speck und Zwiebel zu den Kartoffeln geben und mitschmoren. Die Kartoffeln goldbraun braten, mit Salz und Pfeffer würzen und mit Dill bestreut servieren.

Gefüllte Paprikaschoten

Zubereitungszeit ca. 20 Minuten | plus Garzeit ca. 45 Minuten | fertig in ca. 1 Stunde 5 Minuten |
pro Portion ca. 570 kcal/2380 kJ, 23 g E, 35 g F, 22 g KH

Für 4 Portionen

1 Brötchen vom Vortag
4 rote Paprikaschoten
2 Zwiebeln
4 Knoblauchzehen
400 g gemischtes Hackfleisch
2 Eier
Salz
Pfeffer
1 Tl edelsüßes Paprikapulver
½ Tl getrockneter Majoran
3 El Olivenöl
240 g gehackte Tomaten (aus der Dose)
1 Prise Zucker

1 Den Backofen auf 200 °C (Umluft 180 °C) vorheizen. Das Brötchen in einer Schale mit kaltem Wasser einweichen. Die Paprika waschen, vorsichtig die Deckel abschneiden und die Trennwände und Kerne herauslösen. Zwiebeln und Knoblauch schälen und fein hacken. Das Brötchen aus dem Wasser nehmen und ausdrücken.

2 Das Hackfleisch in einer Schüssel mit dem Brötchen, der Hälfte der Zwiebeln und des Knoblauchs, den Eiern, Salz, Pfeffer, ½ Tl Paprikapulver und dem Majoran verkneten. Die Masse in die Paprikaschoten füllen und die Deckel aufsetzen.

3 Das Olivenöl in einer Pfanne erhitzen, die restlichen Zwiebeln mit dem Knoblauch darin bei mittlerer Hitze anschwitzen, dann die Tomaten dazugeben. Mit Salz, Pfeffer, Zucker und Paprikapulver abschmecken, kurz aufkochen lassen und dann in eine Auflaufform füllen.

4 Die gefüllten Paprikaschoten auf die Tomatensauce setzen und auf mittlerer Schiene im Ofen ca. 40 Minuten garen.

Dazu schmecken Reis oder Baguette.

VARIATION

GEFÜLLTES GEMÜSE GIBT ES IN UNENDLICH VIELEN VARIANTEN. IHR KÖNNT Z. B. DAS HACKFLEISCH MIT GEKOCHTEM REIS MISCHEN ODER GEWÜRFELTE ZUCCHINI DARUNTERMISCHEN. AUCH SCHAFSKÄSE- ODER MOZZARELLAWÜRFEL IN DER HACKFLEISCHMASSE SCHMECKEN LECKER.

!!

Paprikaschoten unterscheiden sich nicht nur in Farbe und Form, auch ihr Geschmack ist unterschiedlich. Rote Paprika schmeckt süß und fruchtig, gelbe Paprika recht lieblich und grüne Paprika eher herb.

!!

Einfacher kann Kochen nicht sein! Alles klein schneiden, einschichten, übergießen – und der Backofen erledigt den Rest!

Kartoffel-Brokkoli-Gratin

Zubereitungszeit ca. 30 Minuten | plus Garzeit ca. 1 Stunde 15 Minuten | fertig in ca. 1 Stunde 45 Minuten |
pro Portion ca. 560 kcal/2340 kJ, 15 g E, 15 g F, 25 g KH

Für 4 Portionen
500 g Kartoffeln
400 g Brokkoli
200 g gekochter Schinken
Salz
Pfeffer
250 ml Sahne
100 ml Milch
100 g geriebener Gratinkäse
Butter für die Form

1 Den Ofen auf 175 °C (Umluft 155 °C) vorheizen. Die Kartoffeln schälen, waschen und in 3 mm dicke Scheiben schneiden. Den Brokkoli putzen, waschen und in Röschen zerteilen. Den Schinken in Streifen schneiden.

2 Eine flache Auflauf- oder Gratinform mit Butter ausfetten. Die Hälfte der Kartoffeln in die Form schichten. Kräftig salzen und pfeffern. Den Brokkoli und Schinken darauf verteilen. Die restlichen Kartoffeln darüberschichten. Noch mal salzen und pfeffern.

3 Die Sahne und Milch zusammen erhitzen und über die Kartoffeln gießen. Den Käse daraufstreuen. Mit Alufolie zudecken und 45 Minuten im Ofen garen. Danach die Folie abnehmen und weitere 30 Minuten im Ofen lassen.

Brokkoli in Röschen schneiden.

Kartoffelscheiben einschichten.

Sahne-Milch-Mischung über die Kartoffeln gießen.

VARIATION

STATT BROKKOLI PASSEN AUCH GUT BLUMENKOHLRÖSCHEN ODER MÖHRENSCHEIBEN. NOCH WÜRZIGER WIRD DAS GRATIN, WENN IHR 1 ZERDRÜCKTE KNOBLAUCHZEHE UND 1 TL KRÄUTER DER PROVENCE IN DEN SAHNEGUSS GEBT.

Hühnerfrikassee mit Reis

Zubereitungszeit ca. 30 Minuten | plus Kochzeit ca. 2 Stunden | fertig in ca. 2 Stunden 30 Minuten |
pro Portion ca. 565 kcal/2373 kJ 30 g E, 46 g F, 3 g KH

Für 4 Portionen
1 Suppenhuhn
Salz
1 Zwiebel
1 Bund Suppengemüse
1 Lorbeerblatt
5 Pfefferkörner
2 Päckchen Saucenpulver für Sauce Hollandaise (FP)
100 ml Weißwein
Saft von ½ Zitrone
frisch gehackte Petersilie zum Bestreuen

1 Das Huhn waschen, trocken tupfen und in ca. 2 l Salzwasser etwa 2 Stunden garen.

2 Die Zwiebel schälen, das Suppengemüse putzen, waschen, Möhre und Sellerie schälen, das Gemüse und die Zwiebel würfeln. Nach 1 Stunde und 30 Minuten mit Lorbeerblatt und Pfefferkörnern zum Huhn geben.

3 Nach den 2 Stunden das Huhn aus der Brühe heben, abtropfen und etwas abkühlen lassen, das Fleisch von den Knochen lösen und klein schneiden.

4 500 ml durchgesiebte Hühnerbrühe in einem Topf aufkochen, das Saucenpulver einrühren und aufkochen. Das Hühnerfleisch in die Sauce geben, mit Wein und Zitronensaft abschmecken. Mit Petersilie bestreut servieren.

Als Beilage passt Reis.

Makkaroniauflauf mit Schinken

Zubereitungszeit ca. 20 Minuten | plus Garzeit ca. 30 Minuten | fertig in ca. 50 Minuten |
pro Portion ca. 840 kcal/3528 kJ, 42 g E, 33 g F, 92 g KH

Für 4 Portionen
500 g Makkaroni
Salz
200 g gekochter Schinken
100 g Gouda
250 ml Béchamelsauce (FP)
150 ml Milch
200 g Sahneschmelzkäse
Pfeffer
3 El Schnittlauchröllchen
Fett für die Form

1 Die Nudeln in reichlich Salzwasser bissfest garen, abgießen und abtropfen lassen.

2 Den Backofen auf 225 °C (Umluft 200 °C) vorheizen. Den Schinken würfeln, den Gouda raspeln. In einem Topf die Béchamelsauce mit der Milch aufkochen, den Schmelzkäse einrühren und vorsichtig mit Salz und Pfeffer abschmecken.

3 Nudeln und Schinken abwechselnd in eine gefettete Form schichten, jede Schicht mit etwas Sauce begießen. Die letzte Schicht sollte aus Nudeln bestehen. Die restliche Sauce über den Nudeln verteilen. Den Auflauf mit Käse bestreuen und im heißen Ofen auf der 2. Schiene von unten 20 Minuten überbacken.

4 Aus dem Ofen holen, in Scheiben schneiden und mit Schnittlauch bestreut servieren.

!! Gouda zählt zu den beliebtesten Käsesorten in Deutschland. Ursprünglich kommt er aus den Niederlanden, nahe der Stadt Gouda, heute wird er jedoch in der ganzen Welt produziert.

Wiener Schnitzel

Zubereitungszeit ca. 30 Minuten | plus Garzeit ca. 10 Minuten | fertig in ca. 40 Minuten |
pro Portion ca. 480 kcal/2008 kJ, 39 g E, 15 g F, 8 g KH

Für 4 Portionen

4 Kalbsschnitzel (à 150 g)
Salz
Pfeffer
50 g Mehl
200 g Paniermehl
2 Eier
100 g Butterschmalz

1 Die Schnitzel waschen und gründlich trocken tupfen. Dann flach klopfen: Dafür jeweils 1 Schnitzel zwischen 2 Lagen Frischhaltefolie legen und mit einem Fleischklopfer oder einer Bratpfanne zart klopfen. Die Schnitzel auf beiden Seiten salzen und pfeffern.

2 Mehl und Paniermehl jeweils auf einen flachen Teller geben. Die Eier in einem tiefen Teller verquirlen.

3 Die Schnitzel zuerst im Mehl wenden, dann beidseitig durch die Eier ziehen. Zuletzt im Paniermehln wenden. Die Brösel dabei mit der Hand leicht andrücken, überschüssige Brösel vorsichtig abklopfen.

4 Das Butterschmalz auf mittlerer Hitze in einer Pfanne erhitzen. Die Schnitzel darin von einer Seite ca. 4 Minuten braten. Dabei mehrmals mit Butterschmalz aus der Pfanne übergießen. Die Schnitzel wenden und auf der 2. Seite ebenfalls 4 Minuten braten.

Klassisch gibt es dazu Kartoffelsalat (z. B. S. 70 – zur Not tut es aber auch gekaufter). Auch Pommes frites oder Bratkartoffeln passen natürlich gut.

Tipp

DIE PFANNE DARF NICHT ZU HEISS SEIN, SONST VERBRENNT DIE PANADE. TYPISCH FÜR DAS WIENER SCHNITZEL IST DIE LUFTIGE PANADE, DIE SICH SCHÖN WÖLBT – UM DAS ZU ERREICHEN, IST DAS ÜBERGIESSEN MIT BUTTERSCHMALZ NÖTIG.

Schnitzel klopfen.

Mehl und Paniermehl auf Teller geben.

Schnitzel im Paniermehl wenden.

Butterschmalz über Schnitzel schöpfen.

!! Ein echtes Wiener Schnitzel wird aus Kalbfleisch gemacht, aus Schweineschnitzel schmeckt es aber auch lecker. Die Zubereitung ist die gleiche.

Gulasch

Zubereitungszeit ca. 20 Minuten | plus Garzeit ca. 2 Stunden 10 Minuten | fertig in ca. 2 Stunden 30 Minuten |
pro Portion ca. 580 kcal/2428 kJ, 44 g E, 38 g F, 18 g KH

Für 4 Portionen
3 große Zwiebeln
2 Knoblauchzehen
1 Chilischote
5 El Schweineschmalz
800 g Rindergulasch
Salz
Pfeffer
1 El Tomatenmark
2 El edelsüßes Paprikapulver
1 Tl Majoran
1 Tl gemahlener Kümmel
1 Tl Schale einer unbehandelten Zitrone
150 ml Rotwein
750 ml Rinderbrühe
1 El Mehl

1 Die Zwiebeln schälen und in Streifen schneiden. Den Knoblauch schälen und fein hacken. Die Chili waschen, die Kerne entfernen und die Chili fein würfeln.

2 Das Schmalz in einem Topf erhitzen und die Zwiebeln darin anrösten. Knoblauch und Chili zufügen und kurz mitrösten. Das Fleisch zugeben, mit Salz und Pfeffer würzen und unter Rühren rundherum anbraten. Das Tomatenmark dazugeben, ebenfalls kurz anrösten. Paprikapulver, Majoran, Kümmel und Zitronenschale hinzufügen. Mit dem Rotwein ablöschen (siehe S. 12) und etwas einkochen lassen.

!! Gulasch ist ein klassisches Schmorgericht, das sein typisches Aroma durch langes Köcheln auf kleiner Flamme erhält. Durch das langsame Garen wird das Fleisch herrlich zart.

3 Die Brühe zugeben und alles zugedeckt bei geringer Hitze ca. 2 Stunden schmoren lassen. Zwischendurch prüfen, ob es zu trocken wird und droht anzubrennen, dann etwas Wasser zufügen.

4 Kurz vor Ende der Garzeit das Mehl in ca. 50 ml Wasser mit einem Schneebesen glatt rühren. Zum Binden der Sauce die Mehlmischung zügig in das kochende Gulasch einrühren. Danach noch weitere 5 Minuten schmoren.

Als Beilage passen Bandnudeln oder Salzkartoffeln.

…iebeln und Knoblauch zerkleinern.

Gulasch mit Rotwein ablöschen.

Mehl in Wasser glattrühren.

Seelachsfilet mit Kartoffelsalat

Zubereitungszeit ca. 30 Minuten | plus Gar- und Ziehzeit ca. 50 Minuten | fertig in ca. 1 Stunde 20 Minuten |
pro Portion ca. 435 kcal/1827 kJ, 40 g E, 10 g F, 43 g KH

Für 4 Portionen

750 g Kartoffeln
1 Salatgurke
Salz
Pfeffer
5 El Weißweinessig
5 El Öl (z. B. Sonnenblumenöl)
2 El gehackter Dill (frisch oder TK)
4 Seelachsfilets (frisch oder TK)
6 El Mehl
1 Ei
50 g Paniermehl
3 El Butterschmalz zum Braten

1 Für den Salat die Kartoffeln gründlich waschen und in einen Topf mit kaltem Salzwasser geben. Das Wasser zugedeckt zum Kochen bringen. Nach dem Aufkochen die Kartoffeln in 20–25 Minuten (je nach Größe) bei mittlerer Hitze garen. Sie sind fertig, wenn sich eine Gabel leicht hineinstechen lässt. Dann das Wasser abgießen.

2 In der Zwischenzeit die Gurke schälen und in Scheiben schneiden. Mit Salz bestreuen und ca. 15 Minuten ziehen lassen. So wird den Gurken Wasser entzogen, das dann nicht den Salat verwässern kann.

3 Die gekochten Kartoffeln mit einem kleinen Küchenmesser pellen und in Scheiben schneiden. In einer Schüssel mit Salz, Pfeffer, Essig und Öl mischen. Die Gurkenflüssigkeit abgießen und die Gurkenscheiben unter die Kartoffeln heben. Den Dill darüberstreuen und den Salat mindestens 20 Minuten durchziehen lassen.

4 Für den Fisch die frischen Filets waschen und trocken tupfen, den TK-Fisch rechtzeitig auftauen lassen. Die Filets mit Salz und Pfeffer einreiben. Mehl, verquirltes Ei und Paniermehl auf jeweils einen Teller geben. Die Fischfilets erst im Mehl wenden, dann durch die Eimasse ziehen. Zuletzt im Paniermehl wenden und dieses vorsichtig festdrücken.

5 Das Butterschmalz in einer großen Pfanne erhitzen. Die Fischfilets darin von jeder Seite ca. 3 Minuten braten. Herausnehmen und auf Küchenkrepp abtropfen lassen. Mit dem Kartoffelsalat zusammen auftischen.

Gurkenscheiben mit Salz bestreuen.

Fischfilets mit Salz und Pfeffer einreiben.

Filets im Butterschmalz braten.

VARIATION

FÜR DIESES REZEPT KÖNNT IHR AUCH ANDEREN FISCH WIE ROTBARSCH ODER KABELJAU VERWENDEN.

!!
TK- Fisch und -Fleisch lässt man am besten langsam im Kühlschrank auftauen, z. B. über Nacht. Muss es aber mal schneller gehen, kann man das Tiefkühlgut auch in der Plastikverpackung in eine Schüssel mit kaltem Wasser legen, dann ist es nach 2–3 Stunden so weit aufgetaut, dass man es weiter verarbeiten kann.

Bratäpfel mit Rosinen

Zubereitungszeit ca. 10 Minuten | plus Garzeit ca. 30 Minuten | fertig in ca. 40 Minuten |
pro Portion ca. 132 kcal/554 kJ, 1 g E, 4 g F, 23 g KH

Für 4 Portionen

2 El Rosinen
3 El Rum oder Orangensaft
4 mittelgroße Äpfel (am besten Boskop)
2 El grob gehackte Haselnüsse
1 Prise Zimt
2 El Honig
Butter für die Form

1 Die Rosinen im Rum oder Orangensaft ca. 10 Minuten einweichen. Den Backofen auf 180 °C vorheizen.

2 Die Äpfel waschen und abtrocknen. Das Kerngehäuse mit einem Apfelausstecher ausstechen oder vorsichtig mit einem kleinen Küchenmesser herausschneiden. Die Nüsse mit dem Zimt, dem Honig und den abgetropften Rosinen mischen.

3 Eine flache Auflaufform oder ein tiefes Backblech mit Butter ausfetten. Die Äpfel daraufsetzen und mit der Nuss-Rosinen-Mischung füllen. Im Backofen ca. 30 Minuten backen.

Zu den Äpfeln schmeckt Vanillesauce oder Vanilleeis.

VARIATION

IHR KÖNNT AUCH NOCH ETWAS MARZIPANROHMASSE UNTER DIE FÜLLUNG MISCHEN. ODER IHR SCHÄLT DIE ÄPFEL UND WÄLZT SIE VOR DEM FÜLLEN UND BACKEN IN EINER MISCHUNG AUS GEMAHLENEN HASELNÜSSEN, ZUCKER UND ETWAS ZIMT.

Milchreis mit Rhabarber-Erdbeer-Kompott

Zubereitungszeit ca. 20 Minuten | plus Quell- und Kochzeit ca. 30 Minuten | fertig in ca. 50 Minuten |
pro Portion ca. 345 kcal/1449 kJ, 10 g E, 10 g F, 51 g KH

Für 4 Portionen

1 l Milch
1 Prise Salz
120 g Zucker
250 g Milchreis
500 g Rhabarber
1 Vanilleschote
4 El Orangensaft
500 g Erdbeeren
2 El Orangenlikör
1 Tl gemahlener Zimt

1 Die Milch mit 1 Prise Salz und 75 g Zucker in einen Topf geben und aufkochen. Den Reis einrühren und etwa 30 Minuten bei niedriger Hitze quellen lassen.

2 Für das Kompott den Rhabarber putzen, waschen, schälen und in mundgerechte Stücke schneiden. Die Vanilleschote aufschneiden und das Mark herauskratzen. Den Rhabarber mit Vanillemark, Orangensaft und 4 El Zucker in einem Topf etwa 10 Minuten dünsten.

3 Inzwischen die Erdbeeren putzen, waschen und halbieren. Rhabarber mit den Erdbeeren und Orangenlikör mischen.

4 Den restlichen Zucker mit dem Zimt mischen. Den Reis mit dem Zimtzucker und dem Rhabarber-Erdbeer-Kompott servieren.

Apfelpfannkuchen

Zubereitungszeit ca. 20 Minuten | plus Ruhe- und Garzeit ca. 45 Minuten | fertig in ca. 1 Stunde 5 Minuten |
pro Portion ca. 505 kcal/2121 kJ, 10 g E, 37 g F, 33 g KH

Zutaten zu einem Teig verrühren.

Äpfel würfeln.

Apfelwürfel auf den Pfannkuchen geben.

Für 4 Portionen

50 g Buchweizenmehl
50 g Vollkornweizenmehl
3 Eier
125 ml Milch
125 ml Sahne
125 ml Mineralwasser
100 g Butter
450 g Äpfel
5 El Puderzucker

1 Die beiden Mehlsorten in eine Schüssel sieben. Mehl, Eier, Milch, Sahne und Mineralwasser mit einem Schneebesen zu einem glatten Teig verrühren.

2 2 El der Butter schmelzen und in die Teigmasse rühren. Den Teig etwa 30 Minuten zugedeckt ruhen lassen.

3 In der Zwischenzeit die Äpfel waschen, schälen, halbieren, das Kerngehäuse herausschneiden und das Fruchtfleisch in kleine Würfel schneiden.

4 Nach der Ruhezeit ¼ der restlichen Butter in einer Pfanne schmelzen und ¼ des Teiges hineingeben. Den Pfannkuchen einige Minuten backen, sodass seine Oberfläche noch leicht flüssig ist. ¼ der Apfelwürfel daraufgeben und den Pfannkuchen fertig backen.

5 Aus dem restlichen Teig und den restlichen Apfelstücken weitere 3 Pfannkuchen backen. Zuletzt mit Puderzucker bestreuen (das geht am besten, indem ihr den Puderzucker in ein kleines Sieb schüttet und ihn dann mit einem kleinen Löffel dadurch streicht).

!!

Ob zum Frühstück, als süße Hauptmahlzeit oder einfach zwischendurch – so ein Apfelpfannkuchen schmeckt doch einfach herrlich nach Kindheit!

VARIATION

IHR KÖNNT AUCH 1 HANDVOLL ROSINEN 10 MINUTEN IN RUM ODER HEISSEM WASSER EINWEICHEN UND SIE DANN UNTER DEN TEIG GEBEN. AUCH MIT BIRNENSPALTEN ODER -WÜRFELN STATT DER ÄPFEL SCHMECKEN DIE PFANNKUCHEN TOLL.

FÜR JEDEN TAG

Der Hunger kommt täglich und hat auch keine Semesterferien. Kein Problem mit unseren unkomplizierten Rezepten für jeden Tag! Ob Pasta, Gemüse, Salat, Fleisch oder Fisch – da ist für jeden das Passende dabei.

Penne all'arrabbiata

Zubereitungszeit ca. 15 Minuten | plus Garzeit ca. 10 Minuten | fertig in ca. 25 Minuten |
pro Portion ca. 610 kcal/2550 kJ, 18 g E, 24 g F, 79 g KH

Für 4 Portionen

1 Zwiebel
2 Knoblauchzehen
1 kleine rote Chilischote
1 rote Paprikaschote
10 große Basilikumblätter
2 El Butter
75 g Speckwürfel
425 g Tomatenstücke (aus der Dose)
Salz
Pfeffer
400 g Penne
50 g frisch geriebener Pecorino oder Parmesan nach Belieben

1 Zwiebel und Knoblauch schälen und fein hacken oder durch die Knoblauchpresse drücken. Chili waschen und leicht einritzen. Paprika waschen, putzen und klein würfeln. Das Basilikum waschen, trocken tupfen und in feine Streifen schneiden.

2 Die Butter in einem Topf schmelzen lassen. Speck und Zwiebelwürfel darin anschmoren. Knoblauch, Paprika, Tomaten und Chili dazugeben. Mit Salz und Pfeffer würzen.

3 Die Sauce bei mittlerer Hitze ca. 15 Minuten offen köcheln lassen, bis sie sämig ist. Dann das Basilikum in die Sauce geben.

4 In der Zwischenzeit 4 l Salzwasser zum Kochen bringen. Die Penne darin nach Packungsangabe bissfest garen, dann abschütten.

5 Die Chili aus der Sauce nehmen. Die Nudeln im Topf mit der Sauce vermischen, dann auf Teller verteilen und mit Pecorino oder Parmesan anrichten.

Tipp

PECORINO IST EIN ITALIENISCHER KÄSE AUS SCHAFMILCH. ES GIBT, JE NACH REGION, GANZ UNTERSCHIEDLICHE VARIANTEN. FÜR PASTAGERICHTE EIGNET SICH EINE WÜRZIGE, DURCHGEREIFTE SORTE, DIE FEST GENUG IST, DASS MAN SIE WIE PARMESAN REIBEN KANN.

„Arrabbiata“ bedeutet übersetzt aus dem Italienischen „die Zornige“ – das bezieht sich sicher auf die feurige Schärfe dieses traditionellen Nudelgerichtes aus dem Latium!

Spaghetti mit Rucola und Tomaten

Zubereitungszeit ca. 25 Minuten | plus Garzeit ca. 15 Minuten | fertig in ca. 40 Minuten |
pro Portion ca. 580 kcal/2420 kJ, 24 g E, 15 g F, 86 g KH

Für 4 Portionen

200 g getrocknete Tomaten (ohne Öl)
1 El Weißweinessig
2 Knoblauchzehen
1 Bund Frühlingszwiebeln
125 g Rucola
Salz
400 g Spaghetti
2 El Olivenöl
Pfeffer
100 g Parmesan

1 250 ml Wasser in einem Topf zum Kochen bringen. Tomaten und Essig hineingeben und ca. 5 Minuten kochen lassen. Die Tomaten in ein Sieb abschütten, abkühlen lassen und würfeln.

2 Inzwischen den Knoblauch schälen und in feine Scheiben schneiden. Die Frühlingszwiebeln waschen, Wurzeln und welkes Grün abschneiden, Zwiebeln in Scheiben schneiden.

3 Den Rucola waschen und trocken schleudern oder in einem Sieb abtropfen und auf einem Geschirrtuch trocknen lassen. Harte Stielenden abschneiden und die Blätter in ca. 4 cm lange Stücke schneiden.

4 4 l Salzwasser in einem großen Topf zum Kochen bringen. Die Nudeln hineingeben und nach Packungsanweisung bissfest garen.

5 In der Zwischenzeit das Öl in einer tiefen Pfanne erhitzen. Knoblauch, Zwiebeln und Tomaten darin andünsten, dann salzen und pfeffern.

6 Die Nudeln in ein Sieb abgießen und mit der Tomatenmischung verrühren. Den Parmesan hobeln und mit dem Rucola über die Spaghetti streuen.

Getrocknete Tomaten in Essig kochen.

Rucola in Stücke schneiden.

Knoblauch, Frühlingszwiebeln und Tomaten in Öl andünsten.

VARIATION

SEHR LECKER SCHMECKT ES, WENN IHR NOCH 1 HANDVOLL PINIENKERNE OHNE FETT IN EINER PFANNE HELLBRAUN RÖSTET UND ÜBER DIE SPAGHETTI STREUT.

Spaghetti aglio olio

Zubereitungszeit ca. 20 Minuten | pro Portion ca. 493 kcal/2070 kJ, 13 g E, 18 g F, 70 g KH

Für 4 Portionen
400 g Spaghetti
Salz
5 Knoblauchzehen
1 Bund glatte Petersilie
½ frische rote Chilischote
60 ml extra natives Olivenöl
1 getrocknete Chilischote
Pfeffer

1 Die Spaghetti nach Packungsanweisung in reichlich Salzwasser bissfest garen.

2 Inzwischen den Knoblauch schälen und in dünne Scheiben schneiden. Die Petersilie waschen, trocknen und fein hacken. Die frische Chilischote waschen, entkernen und in feine Streifen schneiden.

3 Das Öl in einer Pfanne langsam erhitzen und die Chili darin 2 Minuten anbraten. Den Knoblauch hinzufügen und ca. 1 Minute mitbraten. Den Knoblauch aber nicht bräunen, sonst wird er bitter. Die getrocknete Chili zerbröseln und hinzufügen.

4 Die Spaghetti abgießen und in einem Sieb abtropfen lassen. Mit der Petersilie zu dem Knoblauch-Chili-Öl in die Pfanne geben und alles gut vermengen. Mit Salz und Pfeffer abschmecken und sofort servieren.

!!

Bei diesem einfachen süditalienischen Gericht ist es sehr wichtig, dass die wenigen Zutaten von guter Qualität sind. Hochwertiges Olivenöl und frischer Knoblauch spielen eine genauso große Rolle wie gute italienische Pasta aus 100 % Hartweizengrieß. Und: Die Nudeln wirklich nur „al dente“, also bissfest, und nicht zu matschig garen!

Spaghetti mit Pesto

Zubereitungszeit ca. 20 Minuten | pro Portion ca. 730 kcal/3050 kJ, 18 g E, 40 g F, 77 g KH

Tipp

PESTO LÄSST SICH AUCH SUPER AUF VORRAT ZUBEREITEN. IN EINEM GLAS, MIT ETWAS OLIVENÖL BEDECKT, HÄLT ES SICH IM KÜHLSCHRANK MINDESTENS 1 WOCHE. AUSSERDEM LÄSST ES SICH PRIMA EINFRIEREN.

Für 4 Portionen

400 g Spaghetti
Salz
2 Töpfe oder Bund Basilikum (ca. 40 g)
3 El Pinienkerne
3 Knoblauchzehen
100 g frisch geriebener Parmesan
125 ml Olivenöl

1 Die Spaghetti in reichlich Salzwasser nach Packungsanleitung al dente (= so, dass sie noch Biss haben und nicht zu weich sind) kochen.

2 In der Zwischenzeit das Basilikum waschen und mit Küchenkrepp trocken tupfen. Die Blättchen von den Stielen zupfen und in Streifen schneiden. Die Pinienkerne in einer Pfanne ohne Fett bräunen. Danach auf einem Teller abkühlen lassen.

3 Den Knoblauch schälen und fein würfeln. Basilikum, Pinienkerne und Knoblauch zusammen mit 1 Prise Salz im Mixer fein pürieren. Nach und nach 50 g Parmesan und das Öl zur Basilikummischung geben und alles so lange rühren, bis es schön cremig ist.

4 Die Spaghetti in ein Sieb abgießen, dabei etwas von dem Nudelkochwasser aufheben. Das Pesto unter die heißen Spaghetti mischen; sollte es zu trocken sein, etwas von dem Kochwasser unterrühren. Sofort mit dem restlichen Parmesan servieren.

!!

Pesto gibt's doch überall im Glas, wieso soll ich das denn selber machen? Wenn ihr genauso denkt: Probiert es aus! In keinem Glas der Welt findet ihr das verlockende Basilikum-Aroma und den kräftigen Geschmack des ganz frisch geriebenen Parmesans eines selbst gemachten Pestos. Und dazu geht es noch ganz schnell!

Vollkornspaghetti mit Brokkoli

Zubereitungszeit ca. 25 Minuten | pro Portion ca. 460 kcal/1932 kJ, 18 g E, 8 g F, 75 g KH

Für 4 Portionen

750 g Brokkoli
400 g Vollkornspaghetti
Salz
1 Knoblauchzehe
4 El Olivenöl
1 Stück Ingwer (ca. 2 cm)
½ Tl Sambal Oelek
1 El Weißweinessig
Pfeffer
1 Prise Zucker
1 Bund frisch gehackter Koriander
2 El Sesamöl

1 Den Brokkoli putzen und waschen. Den Strunk schälen und würfeln, den restlichen Brokkoli in Röschen teilen. Die Nudeln in kochendem Salzwasser nach Packungsanweisung garen. 5 Minuten vor Ende der Garzeit den Brokkoli zugeben und mitkochen.

2 In der Zwischenzeit den Knoblauch schälen und hacken. Das Öl in einem Wok oder in einer großen Pfanne erhitzen. Den Knoblauch darin anschmoren. Spaghetti und Brokkoli abgießen, abtropfen lassen und in den Wok geben.

3 Die restlichen Zutaten außer Sesamöl und Koriander zugeben und die Nudeln abschmecken. Mit Koriander bestreuen und mit Sesamöl beträufeln.

!!

Vollkornnudeln schmecken etwas kräftiger als weiße Nudeln und haben einen höheren Nährstoffgehalt. Wenn es also mal etwas Gesundes sein soll – einfach normale Nudeln durch Vollkornpasta ersetzen!

Penne mit kalter Gemüsesauce

Zubereitungszeit ca. 25 Minuten | pro Portion ca. 520 kcal/2184 kJ, 17 g E, 9 g F, 89 g KH

Für 4 Portionen
400 g Penne
Salz
2 gelbe Paprikaschoten
1 rote Chilischote
1 Salatgurke
2 Zwiebeln
2 Knoblauchzehen
400 g Tomaten
4 Scheiben Toastbrot
4 El Olivenöl
Pfeffer
2 El Rotweinessig
4 El frisch gehackte Petersilie

1 Die Penne nach Packungsanweisung in kochendem Salzwasser bissfest garen.

2 Inzwischen die Paprika- und Chilischoten putzen, waschen, entkernen und fein würfeln. Gurke, Zwiebeln und Knoblauch schälen. Die Tomaten häuten: dafür über Kreuz einritzen, mit heißem Wasser überbrühen, kurz warten und dann mit einem kleinen Messer die Haut abziehen. Die Stielansätze entfernen.

3 Das Toastbrot in Würfel schneiden und mit dem Gemüse und Olivenöl pürieren. Mit Salz, Pfeffer und Essig abschmecken.

4 Die Penne abgießen, sofort mit der kalten Gemüsesauce mischen und mit Petersilie bestreut servieren.

!!

Nach dem Schneiden von Chilischoten unbedingt gründlich die Hände waschen! Am besten ist es sogar, einfach Küchenhandschuhe anzuziehen.

Diese Sauce kann man perfekt vorbereiten. Sie wartet dann einfach im Kühlschrank auf ihren Einsatz, der aber spätestens am nächsten Tag erfolgen sollte.

Makkaroni in Gorgonzolasauce

Zubereitungszeit ca. 25 Minuten | pro Portion ca. 905 kcal/3801 kJ, 35 g E, 46 g F, 87 g KH

Für 4 Portionen
400 g Makkaroni
Salz
150 g Gorgonzola
250 ml Sahne
Pfeffer
Zucker
150 g Parmaschinken in Scheiben
2 El frisch gehackte Petersilie

1 Die Makkaroni nach Packungsanweisung in reichlich Salzwasser garen.

2 In der Zwischenzeit die Rinde des Gorgonzola entfernen, den Käse würfeln und bei schwacher Hitze in einem Topf schmelzen lassen. Die Sahne einrühren, mit Salz, Pfeffer und 1 Prise Zucker würzen und 3–5 Minuten unter Rühren einkochen lassen.

3 Die Schinkenscheiben halbieren und in der Käsesauce erwärmen. Die Makkaroni abgießen, abtropfen lassen und mit der Gorgonzolasauce vermischen. Mit Petersilie bestreut servieren.

VARIATION

DER KRÄFTIGE GESCHMACK DES ITALIENISCHEN GORGONZOLA VERTRÄGT SICH PERFEKT MIT SPINAT. AUCH IN DIESER SAUCE SCHMECKT GROB GEHACKTER BLATTSPINAT, FRISCH ODER TK, LECKER.

Pasta mit Parmesan und brauner Butter

Zubereitungszeit ca. 20 Minuten | pro Portion ca. 828 kcal/3466 kJ, 24 g E, 43 g F, 86 g KH

Für 4 Portionen
400 g breite Bandnudeln
Salz
100 g Parmesan
150 g Butter

1 Die Teller vorwärmen, indem man sie z. B. im Spülbecken in heißes Wasser stellt. Die Nudeln nach Packungsanweisung in reichlich Salzwasser kochen.

2 Den Parmesan reiben. Die Butter in einer Pfanne zerlassen und hellbraun werden lassen.

3 Die Bandnudeln in einem Sieb abtropfen lassen und sofort mit der heißen Butter mischen. Sofort auf den heißen Tellern anrichten und mit dem Parmesan bestreuen.

!!

Das Vorwärmen der Teller solltet ihr nicht als überflüssigen Schnickschnack abtun – es ist wichtig, dass Teller und Nudeln sehr heiß sind, damit die Butter beim Untermischen nicht abkühlt und klebrig wird.

Vegetarische Couscouspfanne

Zubereitungszeit ca. 30 Minuten | plus Garzeit ca. 30 Minuten | fertig in ca. 1 Stunde |
pro Portion ca. 590 kcal/2470 kJ, 19 g E, 17 g F, 88 g KH

Für 4 Portionen
450 g Kichererbsen (aus der Dose)
1 Zwiebel
1 Knoblauchzehe
2 Möhren
1 Aubergine
Salz
300 g Tomaten
1 Zucchini
3 El Olivenöl
250 ml Gemüsebrühe
Pfeffer
gemahlener Kreuzkümmel
350 g Couscous (Instant)
2 El Butter
3 El gehackte Minze
2 El gehackte glatte Petersilie
Saft von 1 Zitrone

1 Die Kichererbsen in ein Sieb gießen und mit kaltem Wasser abbrausen. Zwiebel und Knoblauch schälen und sehr fein hacken. Die Möhren waschen, putzen, schälen und würfeln.

2 Die Aubergine waschen, putzen und in Scheiben schneiden. Die Scheiben mit Salz bestreuen und 15 Minuten ziehen lassen (so werden ihnen Bitterstoffe entzogen). Dann abwaschen, trocken tupfen und in Würfel schneiden.

3 Die Tomaten waschen, trocknen, vierteln und die Stielansätze und Kerne entfernen. Dann würfeln. Die Zucchini waschen, putzen und ebenfalls würfeln.

4 Das Öl in einer großen Pfanne erhitzen. Zwiebel und Knoblauch zufügen und kurz andünsten. Möhren, Zucchini, Aubergine, Tomaten und Kichererbsen dazugeben und unter Rühren kräftig anbraten. Mit der Brühe ablöschen und mit Salz, Pfeffer und Kreuzkümmel würzen. Zugedeckt ca. 30 Minuten köcheln.

5 In der Zwischenzeit 350 ml Wasser mit etwas Salz zum Kochen bringen, dann vom Herd nehmen. Den Couscous langsam einrühren und ca. 3 Minuten quellen lassen. Die Butter unterrühren, den Topf zurück auf den Herd stellen und den Couscous auf kleiner Flamme weitere 3 Minuten garen. Dabei mit der Gabel auflockern.

6 Couscous und gehackte Kräuter unter das Gemüse heben. Mit Zitronensaft abschmecken.

Auberginenscheiben mit Salz bestreuen.

Gemüse anbraten.

Couscous mit der Gabel auflockern.

Champignoncurry

Zubereitungszeit ca. 20 Minuten | plus Garzeit ca. 15 Minuten | fertig in ca. 35 Minuten |
pro Portion ca. 747 kcal/3137 kJ, 38 g E, 48 g F, 38 g KH

Champignons nie in Wasser waschen, da sie sich sonst mit Wasser vollsaugen. Daher den Schmutz nur vorsichtig mit Küchenkrepp abreiben.

Für 4 Portionen

3 Zwiebeln
4 Tomaten
400 g Champignons
1 Stück Ingwer (ca. 5 cm)
5 El Öl
250 g Erbsen (TK)
je 1 Tl Kreuzkümmel, Kardamom, edelsüßes Paprikapulver, Kurkuma, Chilipulver und Garam Masala
1 Lorbeerblatt
4 Nelken
400 g Schafskäse
200 g Cashewkerne
Salz
Pfeffer

1 Die Zwiebeln schälen und hacken. Die Tomaten waschen, Stielansätze entfernen und die Tomaten klein schneiden. Die Champignons mit Küchenkrepp abreiben, die Stielenden abschneiden und die Pilze, je nach Größe, halbieren bzw. vierteln. Den Ingwer schälen und fein hacken.

2 Das Öl in einem schweren Topf erhitzen und die Zwiebeln darin kurz anschwitzen. Tomaten, Champignons und Erbsen hinzufügen. Den Ingwer und die sonstigen Gewürze dazugeben und alles unter gelegentlichem Rühren 10 Minuten köcheln lassen.

3 Den Schafskäse in Würfel schneiden. Zusammen mit den Cashewkernen in den Topf geben und alles 5 Minuten weitergaren. Mit Salz und Pfeffer abschmecken.

Tipp

WENN IHR NICHT ALL DIESE GEWÜRZE IM HAUS HABT ODER BESORGEN WOLLT, KÖNNT IHR AUCH LEDIGLICH MIT GARAM MASALA ABSCHMECKEN. DAS IST EINE AYURVEDISCHE GEWÜRZMISCHUNG, DIE VIELEN INDISCHEN CURRYS IHREN TYPISCHEN GESCHMACK GIBT.

Champignons halbieren bzw. vierteln.

Ingwer fein hacken.

Schafskäse unter das Gemüse rühren.

Gemüse-Reis-Pfanne mit Erdnüssen

Zubereitungszeit ca. 10 Minuten | plus Garzeit ca. 20 Minuten | fertig in ca. 30 Minuten |
pro Portion ca. 511 kcal/2146 KJ, 24 g E, 22 g F, 54 g KH

Für 4 Portionen
200 g Langkornreis
Salz
2 Zwiebeln
500 g gemischtes TK-Gemüse
2 El Butter
50 ml Gemüsebrühe
4 El geröstete Erdnüsse
200 g gekochter Schinken
Pfeffer
2 El Sojasauce

1 Den Reis nach Packungsanweisung in Salzwasser garen. In der Zwischenzeit die Zwiebeln schälen und hacken. Das Gemüse antauen lassen.

2 Die Butter in einer großen Pfanne erhitzen und die Zwiebeln darin anschmoren. Das Gemüse sowie die Gemüsebrühe zugeben und abgedeckt etwa 10 Minuten mitschmoren. Die Erdnüsse unterheben.

3 Den Schinken würfeln. Den Reis abgießen und beides unter das Gemüse heben. Mit Salz, Pfeffer und Sojasauce abschmecken.

Vorsicht – wenn Butter zu stark erhitzt wird, verbrennt sie. Daher besser bei mäßiger Hitze zerlassen.

!!

Gemüse aus dem Ofen

Zubereitungszeit ca. 30 Minuten | plus Garzeit ca. 30 Minuten | fertig in ca. 1 Stunde |
pro Portion ca. 76 kcal/319 kJ, 3 g E, 3 g F, 7 g KH

Für 4 Portionen
200 g rote Paprikaschoten
200 g Möhren
200 g Auberginen
Salz
200 g Zucchini
200 g Fenchel
10 El Olivenöl
je 1 Tl getrockneter Thymian, Rosmarin und Oregano
5 El Aceto balsamico

1 Den Backofen auf 250 °C (Umluft 230 °C) vorheizen. Das Gemüse putzen, waschen, die Paprika entkernen und die Möhren schälen. Die Auberginen in Scheiben schneiden, mit Salz bestreuen und beiseitestellen, bis Saft austritt. Dann waschen und trocken tupfen.

2 Die Paprikaschoten in 3 cm große Stücke schneiden. Die Möhren und die Zucchini in 1 cm dicke Scheiben schneiden, den Fenchel in Streifen schneiden.

3 Ein Backblech mit 3 El Öl einpinseln und das Gemüse darauflegen. Mit den Kräutern bestreuen, das restliche Olivenöl darüberträufeln und salzen. Das Gemüse im Ofen etwa 30 Minuten garen. Mehrmals wenden. Aus dem Ofen nehmen und etwas abkühlen lassen.

4 Das Gemüse auf eine Platte legen und mit dem Aceto balsamico beträufeln. Lauwarm mit frischem Ciabattabrot servieren.

Grüne Bohnen mit Reis

Zubereitungszeit ca. 10 Minuten | plus Garzeit ca. 20 Minuten | fertig in ca. 30 Minuten |
pro Portion ca. 363 kcal/1523 kJ, 7 g E, 17 g F, 46 g KH

Für 4 Portionen
2 Zwiebeln
200 g Reis
50 ml Olivenöl
200 ml Gemüsebrühe
500 g grüne TK-Bohnen
20 g Butter
Salz
Paprikapulver

1 Die Zwiebeln schälen und fein würfeln. Den Reis waschen und abtropfen lassen.

2 Das Öl in einem Topf erhitzen und die Zwiebeln darin einige Minuten andünsten. Den Reis und die Gemüsebrühe dazugeben und alles bei geringer Hitze ca. 20 Minuten garen, bis der Reis weich ist. Nach etwa 10 Minuten die Bohnen hinzufügen.

3 Die Butter in einem Topf schmelzen, je 1 Prise Salz und Paprikapulver einrühren. Die Bohnen mit dem Reis aus dem Topf in eine Schüssel füllen, die Paprikabutter darübergeben.

TIPP
DIESER FRISCHE REISTOPF SCHMECKT WARM ODER KALT. MIT FRISCHEN KRÄUTERN WIE PETERSILIE ODER BASILIKUM KÖNNT IHR IHN ZUSÄTZLICH VERFEINERN.

Bunter Blattsalat

Zubereitungszeit ca. 25 Minuten | pro Portion ca. 461 kcal/1930 kJ, 16 g E, 35 g F, 20 g KH

Für 4 Portionen
½ Kopf Friséesalat
½ Kopf Eichblattsalat
200 g Zucchini
100 g Vollkorntoast
2 El Butter
200 g Butterkäse
100 g blaue Trauben
250 g Cocktailtomaten
1 El Senf
Salz
Pfeffer
3 El Aceto balsamico
6 El Olivenöl

1 Die Salate putzen, waschen, trocknen (siehe Tipp) und in mundgerechte Stücke zupfen. Die Zucchini putzen, waschen und in Scheiben schneiden. Das Toastbrot würfeln.

2 Die Butter in einer Pfanne erhitzen und bei mäßiger Hitze die Zucchinischeiben darin andünsten. Herausnehmen und abkühlen lassen. Im restlichen Fett die Brotwürfel anrösten.

3 Den Käse in Streifen schneiden. Die Weintrauben waschen, abtropfen lassen, halbieren und die Kerne entfernen. Die Tomaten waschen, halbieren und die Stielansätze entfernen.

4 Aus Senf, Salz, Pfeffer, Essig und Öl ein Dressing rühren. Alle Salatzutaten in einer Schüssel anrichten und mit dem Dressing beträufeln.

!! Salat putzen und waschen geht so: Äußere welke Blätter entfernen, beim Feldsalat die unteren Wurzelenden abschneiden. Blätter vom Strunk lösen und in reichlich Wasser (am besten im Spülbecken) gründlich waschen. Entweder in einer Salatschleuder trocken schleudern oder im Sieb abtropfen und auf einem Geschirrtuch trocknen lassen. Dicke Stielansätze (oder harte Stielenden beim Rucola) abschneiden.

Blattsalat mit Putenbrust

Zubereitungszeit ca. 30 Minuten | plus Marinier- und Garzeit ca. 40 Minuten | fertig in ca. 1 Stunde 10 Minuten | pro Portion ca. 330 kcal/1380 kJ, 28 g E, 18 g F, 11 g KH

Für 4 Portionen

400 g Putenbrustfilet
4 El Sojasauce
2 Tl Honig
¼ Kopf Friséesalat
¼ Kopf Eichblattsalat
¼ Kopf Lollo Rosso
4 Tomaten
1 Salatgurke
3 El Sesamsamen
6 El Rapsöl
Saft von 1 Zitrone
1 El Senf
¼ Tl Zucker
Salz
Pfeffer

1 Die Putenbrustfilets unter kaltem Wasser abspülen und trocken tupfen. In 1 cm dicke Streifen schneiden und in eine Schale geben. Die Sojasauce mit dem Honig verrühren und mit dem Fleisch mischen. Im Kühlschrank etwa 30 Minuten durchziehen lassen.

2 Inzwischen die Salatblätter von den Köpfen lösen, in reichlich Wasser waschen, in mundgerechte Stücke zupfen und trocken schleudern oder -tupfen (vgl. S. 95). Die Tomaten waschen, halbieren, von den Stielansätzen befreien und achteln. Die Gurke waschen, schälen und längs halbieren. In ½ cm dicke Stücke schneiden. All diese Zutaten in einer großen Schüssel vermischen.

3 Die Sesamsamen auf einen Teller geben und die Putenbruststreifen darin wälzen. 2 El Öl in einer beschichteten Pfanne erhitzen, das Fleisch dazugeben und unter Wenden ca. 8 Minuten braten. Dann aus der Pfanne nehmen und etwas abkühlen lassen.

4 Für das Dressing das restliche Rapsöl mit dem Zitronensaft und dem Senf verrühren. Mit Zucker, Salz und Pfeffer abschmecken. Das Dressing unter den Salat mischen und die Putenbruststreifen darauf anrichten.

Dazu passen Baguette oder Ciabatta.

VARIATION

WENN IHR LUST AUF MEHR GEMÜSE HABT, KÖNNT IHR AUCH NOCH 300 G MÖHREN, 1 KOHLRABI UND 1 BUND RADIESCHEN GROB RASPELN UND UNTER DEN SALAT HEBEN. STATT PUTENBRUST GEHT NATÜRLICH AUCH HÄHNCHENBRUST.

Putenbrust mit Sajosauce und Honig mischen.

Salat in mundgerechte Stücke zupfen.

Dressing über den Salat geben.

Jeden Blattsalat könnt ihr mit einem Topping aus einer Salat-Kerne-Mischung aufpeppen. Besonders aromatisch schmecken die Kerne, wenn ihr sie vorher in einer beschichteten Pfanne ohne Fett röstet.

Salat mit Ziegenkäse

Zubereitungszeit ca. 30 Minuten | plus Einweich- und Gratinierzeit ca. 20 Minuten | fertig in ca. 50 Minuten |
pro Portion ca. 430 kcal/1800 kJ, 10 g E, 31 g F, 26 g KH

!!

Es ist wichtig, dass Salat immer trocken ist, wenn er mit der Vinaigrette vermischt wird. Sonst verwässert die Sauce, wird fad, und der Salat wird ganz schnell matschig.

Für 4 Portionen

20 g getrocknete Tomaten (ohne Öl)
1 Eichblattsalat
4 Tomaten
3 Frühlingszwiebeln
6 Zweige Thymian
200 g Ziegenfrischkäse als Rolle, z. B. Crottin de Chavignol
8 Scheiben Baguette
8 El Olivenöl
4 El Aceto balsamico
Salz
Pfeffer
1 Prise Zucker

VARIATION

WER MILDEN KÄSE LIEBER MAG ALS DEN WÜRZIGEN ZIEGENKÄSE, KANN DIE BROTE AUCH MIT MOZZARELLA GRATINIEREN.

1 Die getrockneten Tomaten mit heißem Wasser übergießen und darin 30 Minuten einweichen.

2 In der Zwischenzeit den Salat putzen, waschen, trocknen und in mundgerechte Stücke zupfen (vgl. S. 95). Die Tomaten waschen, Stielansätze entfernen und die Tomaten achteln. Die Frühlingszwiebeln waschen, Wurzel und welkes Grün entfernen und die Zwiebeln in dünne Ringe schneiden. Salat, Tomaten und Zwiebeln in einer Schüssel vermischen.

3 Den Backofengrill auf 200 °C vorheizen. Den Thymian waschen, trocken tupfen und die Blättchen von den Stielen zupfen. Den Ziegenkäse in 8 ca. ½ cm dicke Scheiben schneiden. Die Brotscheiben auf ein Backblech setzen, mit 2 El Olivenöl beträufeln.

4 Die getrockneten Tomaten durch ein Sieb abgießen, trocken tupfen und fein würfeln. Die Tomatenwürfel und den Thymian auf die Brotscheiben streuen. Jeweils 1 Scheibe Ziegenkäse darauflegen. Im Ofen ca. 5 Minuten gratinieren (Vorsicht, dass es nicht verbrennt!).

5 Aus dem restlichen Olivenöl und dem Aceto balsamico eine Vinaigrette rühren und sie mit Salz, Pfeffer und Zucker abschmecken. Den Salat mit der Vinaigrette mischen, auf 4 Teller verteilen und mit den Ziegenkäsebroten servieren.

Salat putzen, waschen und in Stücke zupfen.

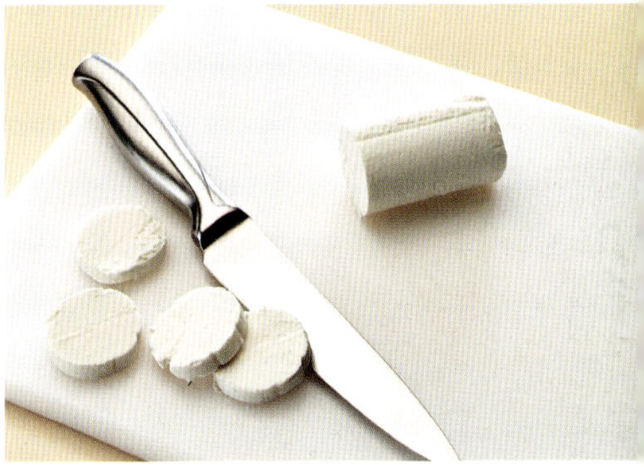

Ziegenkäse in Scheiben schneiden.

Ziegenkäse auf die Brotscheiben verteilen.

Thai-Wok

Zubereitungszeit ca. 25 Minuten | plus Garzeit ca. 10 Minuten | fertig in ca. 35 Minuten |
pro Portion ca. 380 kcal/1590 kJ, 31 g E, 5 g F, 53 g KH

Für 4 Portionen
200 g Basmatireis
Salz
1 Stück Ingwer (2 cm)
2 Knoblauchzehen
400 g Hähnchenbrustfielt
3 El Zitronensaft
3 El Sojasauce
200 g Zuckerschoten
2 rote Paprikaschoten
1 rote Chilischote
½ Bund Koriander
1 El Erdnussöl
1 El Fischsauce
1 Tl Palmzucker
Pfeffer

1 Den Reis in der doppelten Menge Wasser (400 ml) aufkochen, salzen und nach Packungsangabe etwa 15 Minuten garen. Das Wasser sollte dann komplett vom Reis aufgesogen sein.

2 Inzwischen Ingwer und Knoblauch schälen und fein hacken. Die Hähnchenbrustfilets unter kaltem Wasser abbrausen und trocken tupfen. In dünne Scheiben schneiden und mit Ingwer, Knoblauch, Zitronensaft und Sojasauce mischen. Durchziehen lassen.

3 Die Zuckerschoten waschen und trocken tupfen. Die Enden abschneiden und die Schoten halbieren. Die Paprika waschen, halbieren, Stielansätze, weiße Trennwände und Kerne herausschneiden und das Fruchtfleisch in mundgerechte Stücke schneiden.

4 Etwas gesalzenes Wasser in einem Topf zum Kochen bringen und die Paprika und Zuckerschoten darin 3 Minuten blanchieren (nicht länger, gerade die Zuckerschoten werden schnell zu weich!), dann in ein Sieb abgießen und kurz mit kaltem Wasser abschrecken.

5 Die Chili waschen, entkernen und fein hacken. Den Koriander waschen und mit Küchenkrepp trocken tupfen. Die Blätter von den Stielen zupfen und hacken.

6 Das Öl in einem Wok oder einer großen beschichteten Pfanne erhitzen, das Fleisch mit der Marinade unter Rühren darin von allen Seiten goldbraun braten. Zuckerschoten, Paprika und Chili hinzugeben und gut vermischen. Fischsauce, Palmzucker und etwa 50 ml Wasser dazugeben und alles weitere 3 Minuten köcheln lassen. Zuletzt den Reis unterheben, mit Salz und Pfeffer abschmecken und mit Koriander bestreut servieren.

VARIATION

FÜR EINE VEGETARISCHE VARIANTE KÖNNT IHR DAS HÄHNCHENFLEISCH DURCH TOFU ODER EINFACH ETWAS MEHR ZUCKERSCHOTEN UND PAPRIKA ERSETZEN. STATT REIS SCHMECKEN AUCH REISNUDELN DAZU.

Paprika und Zuckerschoten in Stücke schneiden.

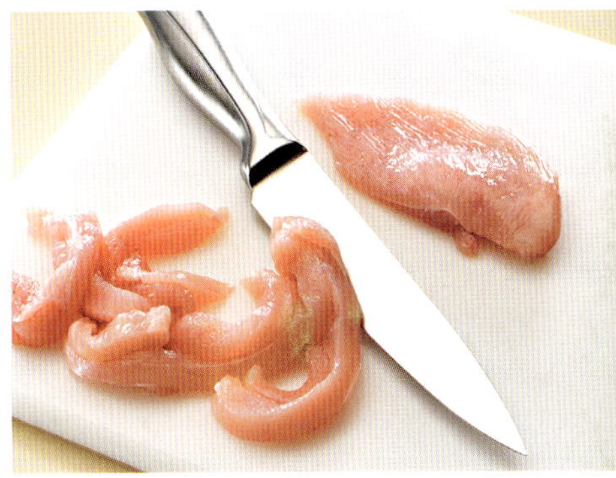

Hähnchenbrust in Streifen schneiden.

Hähnchenbrust anbraten.

Putenröllchen mit Pesto

Zubereitungszeit ca. 15 Minuten | plus Garzeit ca. 15 Minuten | fertig in ca. 30 Minuten |
pro Portion ca. 212 kcal/890 kJ, 37 g E, 4 g F, 4 g KH

Für 4 Portionen
4 Putenschnitzel
150 g Pesto (aus dem Glas)
2 El Olivenöl
125 ml Gemüsebrühe

1 Die Schnitzel ganz flach klopfen (mit einem Fleischklopfer oder einer Pfanne) und mit dem Pesto bestreichen. Das Fleisch zusammenrollen und mit Holzstäbchen feststecken.

2 Das Öl in einer Pfanne erhitzen und die Putenröllchen darin von allen Seiten gut anbraten. Die Brühe angießen und die Röllchen weitere 12 Minuten köcheln, bis sie gar sind.

3 Die Röllchen in Scheiben schneiden und servieren.

Dazu schmecken frisches Brot und Salat.

!!

Geflügel sollte man nicht „rare" oder „medium" wie ein Steak essen, sondern immer gut durchbraten. Geflügelfleisch ist häufig mit Krankheitserregern wie Salmonellen belastet, die erst durch gründliches Garen abgetötet werden.

Hähnchen in Zitronenbutter

Zubereitungszeit ca. 15 Minuten | plus Garzeit ca. 10 Minuten | fertig in ca. 25 Minuten |
pro Portion ca. 450 kcal/1884 kJ, 55 g E, 10 g F, 20 g KH

Für 4 Portionen
6 Hähnchenbrustfilets
Salz
Pfeffer
1 El edelsüßes Paprikapulver
50 g Mehl
8 El Butter
½ Bund Petersilie
1 Tl getrockneter Estragon
5 El Zitronensaft

1 Die Hähnchenbrustfilets von Haut und Sehnen befreien und mit Salz, Pfeffer und edelsüßem Paprikapulver einreiben.

2 Das Mehl in einen tiefen Teller geben und die Filets darin wenden. 2 El Butter in einer Pfanne erhitzen und die Filets darin von jeder Seite etwa 5 Minuten gut durchbraten. Aus der Pfanne nehmen und warm stellen.

3 Die Petersilie waschen, trocknen und fein hacken. Die restliche Butter in einer Pfanne schmelzen. Petersilie und Estragon darin andünsten, den Zitronensaft unterrühren und alles einmal aufkochen.

4 Die Hähnchenbrustfilets in der Zitronen-Kräuter-Butter schwenken und servieren.

Dazu passt Reis.

! Kräuter waschen und trocknen: Die Kräuter im Spülbecken oder einer Schüssel in reichlich Wasser waschen. Dann entweder in einer Salatschleuder trocken schleudern oder vorsichtig mit Küchenkrepp trocken tupfen. Bei den meisten Kräutern (wie z. B. Petersilie, Thymian, Koriander, Minze) werden nur die Blätter verwendet und nach dem Waschen von den Stielen gezupft.

VARIATION

ÜBLICHERWEISE WERDEN DIE SATÉ-SPIESSE AUS HÄHNCHENFLEISCH GEMACHT. IHR KÖNNT ABER AUCH SCHWEINE- ODER RINDFLEISCH VERWENDEN. MIT REIS ALS BEILAGE WIRD AUS DEM SNACK EIN VOLL-STÄNDIGES GERICHT.

Saté-Spiesse

Saté-Spieße sind ein beliebter Imbiss, der im asiatischen Raum quasi an jeder Straßenecke verkauft wird.

Zubereitungszeit ca. 30 Minuten | plus Marinierzeit ca. 1 Stunde | fertig in ca. 1 Stunde 30 Minuten |
pro Portion ca. 210 kcal/880 kJ, 31 g E, 7 g F, 5 g KH

Für 4 Portionen
2 Knoblauchzehen
1 Stück Ingwer (ca. 3 cm)
1 Bund Koriander
125 ml ungesüßte Kokosmilch
1 El brauner Zucker
1 Tl gemahlener Kurkuma
1 Tl Kreuzkümmel
3 El helle Sojasauce
Salz
Pfeffer
500 g Hähnchenbrustfilet
100 g Erdnussbutter
1 El Honig
1 Prise Chilipulver
2 El Currypulver
160 ml Geflügel- oder Gemüsebrühe

1 Den Knoblauch schälen und sehr fein hacken. Den Ingwer schälen und in kleine Würfel schneiden. Den Koriander waschen und trocken tupfen. Die Blättchen von den Stielen zupfen und fein hacken.

2 Die Kokosmilch in einer Schüssel mit der Hälfte vom Knoblauch, Ingwer, Koriander und den Gewürzen zu einer Marinade verrühren.

3 Die Hähnchenbrust kalt abbrausen, trocken tupfen, horizontal in dünne Streifen schneiden und wellenförmig auf Spieße stecken. Die Spieße in die Marinade legen. Abgedeckt für 1 Stunde kühl stellen, dabei mehrmals wenden.

4 Für die Sauce die Erdnussbutter mit Honig, Chilipulver, Curry, Brühe und dem restlichen Knoblauch mischen. Bei mittlerer Hitze aufkochen, bis die Sauce sämig ist. Etwas abkühlen lassen.

5 Den Ofengrill auf 250 °C vorheizen. Die Spieße aus der Marinade nehmen und etwas abtropfen lassen. Die Spieße auf einem Blech oder Rost auf der obersten Schiene im Ofen von beiden Seiten 2 – 3 Minuten grillen.

Ingwer schälen und fein würfeln.

Fleisch in der Marinade einlegen.

Spieße auf ein Blech legen.

Hamburger

Zubereitungszeit ca. 20 Minuten | plus Bratzeit ca. 10 Minuten | fertig in ca. 30 Minuten |
pro Portion ca. 535 kcal/2247 kJ, 38 g E, 31 g F, 25 g KH

!!

Ein vernünftiger Hamburger hat seinen schlechten Ruf als ungesundes Fastfood zu unrecht! Mageres Rindfleisch, Salat, vielleicht aufgepeppt mit ein paar Scheiben Tomaten – da gibt es Ungesünderes.

Für 4 Portionen

700 g Rinderhackfleisch
Salz
Pfeffer
2 El Öl
4 Hamburger-Brötchen
2 El Butter
4 Blätter Eisbergsalat
4 El Röstzwiebeln
4 El Tomatenketchup
3 Gewürzgurken

1 Das Hackfleisch mit Salz und Pfeffer würzen und gut verkneten. Aus dem Fleischteig 4 flache Burger formen.

2 Das Öl in einer Pfanne erhitzen und die Burger darin von beiden Seiten etwa 6 Minuten braten.

3 Die Brötchen halbieren und mit Butter bestreichen. Unter dem Backofengrill oder auf dem Toaster kurz rösten. Die Salatblätter waschen, trocken tupfen und in Streifen schneiden. Jeweils die untere Brötchenhälfte mit Salat und je 1 El Röstzwiebeln belegen. Darauf 1 Burger setzen und mit Ketchup bestreichen.

4 Die Gurken in Scheiben schneiden und auf jeden Hamburger einige Scheiben legen. Mit der oberen Brötchenhälfte abdecken und servieren.

Fischnuggets

Zubereitungszeit ca. 20 Minuten | plus Garzeit ca. 10 Minuten | fertig in ca. 30 Minuten |
pro Portion ca. 460 kcal/1932 kJ, 14 g E, 18 g F, 58 g KH

Für 4 Portionen
2 Eier
3 El Mehl
200 g Paniermehl
600 g Seelachsfilet
Salz
weißer Pfeffer
2 El Sojasauce
10 El Sonnenblumenöl

1 Die Eier mit einer Gabel in einem tiefen Teller verquirlen. Mehl und Paniermehl jeweils in eine flache Schale geben. Das Seelachsfilet kalt abspülen und in mundgerechte Stücke schneiden. Mit Salz, Pfeffer und Sojasauce würzen.

2 Die Fischstücke zuerst im Mehl wenden, dann durch das Ei ziehen und zuletzt im Paniermehl wenden.

3 Das Öl in einer beschichteten Pfanne erhitzen und die panierten Fischnuggets darin goldgelb braten. Auf Küchenpapier abtropfen lassen und servieren. Dazu schmeckt Ketchup oder Mayonnaise.

VARIATION

DIESES REZEPT FUNKTIONIERT NATÜRLICH AUCH MIT TK-FISCH. DIESEN VORHER NACH PACKUNGSANWEISUNG AUFTAUEN LASSEN. IHR KÖNNT AUCH ANDERE WEISSE FISCHSORTEN VERWENDEN.

Pangasiusfilet Asia-Style

Zubereitungszeit ca. 25 Minuten | plus Garzeit ca. 20 Minuten | fertig in ca. 45 Minuten |
pro Portion ca. 330 kcal/1380 kJ, 24 g E, 20 g F, 12 g KH

Für 4 Portionen

400 g Pangasiusfilet (frisch oder TK)
Salz
40 g Kokosflocken
½ Tl Chiliflocken
1 Stück Ingwer (ca. 2 cm)
400 g Möhren
1 Bund Frühlingszwiebeln
300 g Mungobohnensprossen (aus dem Glas)
4 El Rapsöl
4 Tl Sesamsamen
¼ El China-Fünf-Gewürz-Mischung
2 El Sojasauce
2 El frisch gehackter Koriander

1 Das Fischfilet ggfs. auftauen lassen, waschen und trocken tupfen. Salzen und in Würfel schneiden.

2 Die Kokos- und Chiliflocken in einem tiefen Teller vermengen. Die Fischwürfel darin wälzen.

3 Den Ingwer schälen und fein hacken. Die Möhren waschen, putzen, schälen und in dünne Stifte schneiden. Die Frühlingszwiebeln waschen, putzen und schräg in ca. 2 cm große Stücke schneiden. Die Sprossen in einem Sieb abtropfen lassen.

4 2 El Öl in einer beschichteten Pfanne erhitzen. Möhren, Frühlingszwiebeln, Sprossen, Ingwer und Sesamsamen in die Pfanne geben. Mit Salz und Gewürzmischung abschmecken. Bei milder Hitze mit geschlossenem Deckel ca. 10 – 15 Minuten dünsten. Dann das Gemüse herausnehmen und warm stellen.

5 Das restliche Öl in die Pfanne geben und die Fischstücke von allen Seiten ca. 5 Minuten knusprig braten.

6 Den Fisch auf dem Gemüse anrichten, mit Sojasauce beträufeln und mit Koriander bestreuen.

Fischstücke in Kokos-Chili-Flocken wälzen.

Die Mungobohnensprossen abtropfen lassen.

Gemüse, Sprossen und Sesamsamen in die Pfanne geben.

KOCHEN FÜR VIELE

Ob Party, gemeinsames Essen in der WG oder ein schickes Abendessen für die Eltern oder die/den Liebste/n – in diesem Kapitel findet ihr alles, was Buffet-tauglich ist, sich gut für größere Runden eignet oder so richtig beeindruckt.

Ziegenkäsecreme

Zubereitungszeit ca. 20 Minuten | pro Portion ca. 297 kcal/1247 kJ, 6 g E, 17 g F, 29 g KH

Für 4 Portionen
200 g Ziegenfrischkäse
40 g saure Sahne
2 Äpfel
1 El Zitronensaft
200 g reife Aprikosen
100 g Honig

1 Den Ziegenfrischkäse mit der sauren Sahne glatt rühren. Die Äpfel schälen, halbieren, das Kerngehäuse herausschneiden und die Äpfel auf einer Gemüseraspel reiben. Den Zitronensaft sowie die Apfelraspel unter die Käsecreme heben.

2 Die Aprikosen waschen, halbieren, entsteinen und in Stücke schneiden. Die Aprikosenstücke mit dem Honig mischen und pürieren.

3 Die Ziegenkäsecreme in eine Schale füllen und das Aprikosenpüree daraufgeben.

!!

Nur reif geerntete Aprikosen schmecken richtig süß und saftig, unreif geerntete Früchte schmecken sauer, trocken und mehlig. Aprikosen bitte nicht im Kühlschrank lagern, dort verlieren sie Aroma.

Ratatouille-Dip

Zubereitungszeit ca. 15 Minuten | plus Garzeit ca. 15 Minuten | fertig in ca. 30 Minuten |
pro Portion ca. 140 kcal/588 kJ, 6 g E, 6 g F, 14 g KH

Für 4 Portionen

je 1 rote, grüne und gelbe Paprikaschote
1 Zucchini
½ Aubergine
1 Knoblauchzehe
2 Schalotten
4 El Olivenöl
100 ml Tomatensauce (FP)
2 Tl getrocknete Kräuter der Provence
2 El frisch gehacktes Basilikum
Salz
Pfeffer

1 Das Gemüse putzen und waschen. Die Paprika von den Kernen und weißen Trennhäuten befreien. Alle Gemüsesorten in Würfel bzw. Stücke schneiden. Knoblauch und Schalotten schälen und fein hacken.

2 Das Olivenöl erhitzen und die Zutaten darin unter Rühren anschmoren. Die Tomatensauce sowie die Kräuter der Provence zugeben und die Mischung 10 – 15 Minuten cremig einkochen lassen. Zuletzt das Basilikum untermischen und mit Salz und Pfeffer würzen.

Dazu schmeckt frisches Bauernbrot.

!!

Getrocknete Kräuter müssen einige Zeit mitgekocht werden, damit sie ihr Aroma entfalten können. Frische Kräuter dagegen verkochen in der Regel schnell, daher erst ganz zum Schluss in das Gericht geben.

Avocadocreme mit Chili

Zubereitungszeit ca. 10 Minuten | pro Portion ca. 357 kcal/1499 kJ, 2 g E, 37 g F, 2 g KH

Für 4 Portionen
1 reife Avocado
2 El Mayonnaise
2 El Crème fraîche
2 El Zitronensaft
1 Prise Zucker
Salz
Pfeffer
Chilipulver

1 Die Avocado schälen, den Kern herauslösen und das Fruchtfleisch aus den Schalen lösen und pürieren.

2 Mayonnaise, Crème fraîche und Zitronensaft mit dem Püree mischen und mit Zucker, Salz, Pfeffer und Chili pikant abschmecken.

Reife Avocados erkennt ihr daran, dass sie bei Druck leicht nachgeben. Es gibt einen Trick, um unreife Avocados schneller reifen zu lassen: einfach zusammen mit einem Apfel in Zeitungspapier wickeln und 1, 2 Tage warten.

!!

Fliegenpilze

Zubereitungszeit ca. 15 Minuten | pro Portion ca. 111 kcal/466 kJ, 2 g E, 9 g F, 4 g KH

Für 4 Portionen
4 große runde Tomatenbutter
200 g Gemüse-, Reis- oder Fleischsalat (FP)
40 g Mayonnaise (aus dem Glas)
1 Kistchen Kresse

1 Die Tomaten waschen und abtrocknen. Die Seite mit dem Stielansatz etwas abflachen und dabei den Stielansatz entfernen. Den oberen Teil als späteren Deckel abschneiden.

2 Die Tomaten mit einem Löffel vorsichtig entkernen und mit dem Salat füllen. Die Deckel auf die gefüllten Tomaten setzen und mit Mayonnaise Punkte auf die Deckel tupfen.

3 Die Kresse vom Ballen schneiden und mit den Tomaten auf einem Brett anrichten.

!!

Diesen Partybuffet-Hingucker solltet ihr möglichst im Sommer machen, wenn es reife, aromatische Tomaten gibt und ihr nicht auf fade Treibhaustomaten angewiesen seid.

VARIATION

IHR KÖNNT ANSTELLE VON SPINAT UND SCHAFSKÄSE AUCH EINE MISCHUNG AUS 12 KLEIN GESCHNITTENEN EINGELEGTEN GETROCKNETEN TOMATEN, 1 DOSE THUNFISCH IM EIGENEN SAFT UND 2 EL GEHACKTEN KAPERN ALS FÜLLUNG VERWENDEN.

Feta-Taschen

Zubereitungszeit ca. 20 Minuten | plus Auftau- und Backzeit ca. 30 Minuten | fertig in ca. 50 Minuten |
pro Stück ca. 190 kcal/790 kJ, 6 g E, 13 g F, 14 g KH

Natürlich könnt ihr für dieses Rezept auch frischen Spinat verwenden. Dieser muss aber gründlich gewaschen werden, da die Blätter oft sehr sandig sind. Vor dem Waschen dicke Stiele und welke Blätter entfernen, dann den Spinat grob hacken und wie oben weiterverarbeiten.

Für 12 Stück
250 g gehackter Blattspinat (TK)
450 g Blätterteig (TK)
2 Knoblauchzehen
1 El Olivenöl
Salz
Pfeffer
geriebene Muskatnuss
150 g Schafskäse
1 Ei
2 El Milch

1 Den Blattspinat nach Packungsanleitung langsam im Topf auftauen lassen. Den Blätterteig antauen, dafür die 6 Platten nebeneinander auf eine Arbeitsfläche legen.

2 Den Knoblauch schälen und fein hacken. Den Spinat ggfs. etwas abtropfen lassen. Das Öl in einem Topf erhitzen, Knoblauch und Spinat hinzufügen und bei mittlerer Hitze ca. 3 Minuten dünsten. Mit Salz, Pfeffer und Muskat würzen. Den Schafskäse in kleine Würfel schneiden.

3 Den Backofen auf 200 °C (Umluft 180 °C) vorheizen. Jede Blätterteigplatte quer halbieren und etwas ausrollen. Das Ei trennen (vgl. S. 166). Mit dem verquirlten Eiweiß die Ränder des Blätterteigs bestreichen (damit sie beim Zusammenklappen besser halten). In die Mitte jeweils etwas Spinat und Schafskäse setzen. Die Teigquadrate zu Dreiecken zusammenklappen und die Ränder mit einer Gabel festdrücken.

4 Die Teigtaschen auf ein mit Backpapier ausgelegtes Blech setzen. Das Eigelb mit der Milch verquirlen und die Teigtaschen damit bestreichen. Auf der mittleren Schiene im Backofen etwa 20 Minuten backen. Etwas abkühlen lassen. Die Feta-Taschen schmecken lauwarm oder auch kalt.

Bruschetta

Zubereitungszeit ca. 20 Minuten | pro Portion ca. 190 kcal/790 kJ, 6 g E, 4 g F, 34 g KH

Für 4 Portionen
4–6 reife Tomaten
½ Bund Basilikum
6 El Olivenöl
Salz
Pfeffer
2 Knoblauchzehen
8 Scheiben Ciabatta

1 Die Tomaten häuten und entkernen. Dafür die Tomaten über Kreuz einritzen, mit heißem Wasser überbrühen, kurz ziehen lassen. Kalt abschrecken und die Haut abziehen. Die Tomaten vierteln und das Kerngehäuse herausschneiden, dann das Fruchtfleisch würfeln.

2 Das Basilikum waschen und mit Küchenkrepp trocken tupfen. Die Blätter von den Stielen zupfen und in dünne Streifen schneiden. Das Basilikum zu den Tomaten geben, mit 2 El Olivenöl sowie etwas Salz und Pfeffer vermischen.

3 Den Ofen auf 250 °C (Umluft 230 °C) vorheizen. Den Knoblauch schälen und halbieren. Die Ciabattascheiben im Ofen von beiden Seiten für einige Minuten rösten. Sobald die Brotscheiben leicht gebräunt sind, herausnehmen und mit den halbierten Knoblauchzehen einreiben. Dann mit dem restlichen Olivenöl beträufeln und die Tomatenmischung darauf verteilen.

Basilkum waschen, trocknen und in Streifen schneiden.

Das Basilikum mit den gewürfelten Tomaten vermischen.

Ciabattascheiben von beiden Seiten leicht rösten.

VARIATION

BESONDERS WÜRZIG SCHMECKT ES, WENN IHR KLEIN GEHACKTE SCHWARZE OLIVEN UNTER DIE TOMATEN MISCHT ODER NOCH JEWEILS 1 EINGELEGTES SARDELLENFILET ÜBER DIE TOMATENWÜRFEL LEGT.

Dieser italienische Snack passt prima auf ein Party-Buffet. Die Tomatenmischung kann man auch gut vorbereiten. Das Rösten und Belegen sollte man aber so spät wie möglich machen, sonst weichen die Brote auf.

Kartoffelsalat

Zubereitungszeit ca. 20 Minuten | plus Gar- und Ziehzeit ca. 2 Stunden 20 Minuten | fertig in ca. 2 Stunden 40 Minuten |
pro Portion ca. 520 kcal/2184 kJ, 15 g E, 28 g F, 48 g KH

Für 4 Portionen
1 kg festkochende Kartoffeln
Salz
2 Eier
2 säuerliche Äpfel
1 El Zitronensaft
1 Zwiebel
6 Gewürzgurken
100 g Speckwürfel
150 g Naturjoghurt
100 g Mayonnaise (aus dem Glas)
6 El Essig
Pfeffer
1/4 Tl Paprikapulver

1 Die Kartoffeln waschen und in leicht gesalzenem Wasser etwa 20 Minuten (je nach Größe) garen. Die Kartoffeln etwas abkühlen lassen, pellen und in Scheiben schneiden. Die Eier hart kochen, abschrecken, pellen und klein würfeln.

2 Inzwischen die Äpfel schälen, das Kerngehäuse entfernen und die Äpfel ebenfalls in kleine Würfel schneiden. Mit Zitronensaft beträufeln, damit sie nicht braun werden. Die Zwiebel schälen und fein hacken. Die Gurken würfeln. Die Speckwürfel in einer beschichteten Pfanne ohne Zugabe von Fett kross braten.

3 Den Joghurt mit der Mayonnaise verrühren. Den Essig untermischen und die Salatsauce mit Salz, Pfeffer und Paprikapulver abschmecken.

4 Die Kartoffelscheiben mit den anderen Salatzutaten vermischen und die Salatsauce untermengen. Den Kartoffelsalat mindestens 2 Stunden im Kühlschrank durchziehen lassen.

! Für Kartoffelsalate gibt es natürlich unzählige Varianten, und viele Familien haben ihr ganz spezielles Rezept. Unsere Version ist schlicht, schmeckt garantiert jedem, und für Vegetarier lässt man den Speck einfach weg.

Tabbouleh

Zubereitungszeit ca. 30 Minuten | plus Ziehzeit ca. 30 Minuten | fertig in ca. 1 Stunde |
pro Portion ca. 360 kcal/1500 kJ, 8 g E, 40 g F, 45 g KH

Für 4 Portionen
200 g Bulgur
400 ml heiße Gemüsebrühe
1 Bund Frühlingszwiebeln
750 g Tomaten
1 Bund Petersilie
½ Bund Minze
Saft von 2 Zitronen
4 El Olivenöl
Salz
Pfeffer

1 Den Bulgur mit der Gemüsebrühe übergießen und abgedeckt ca. 15 Minuten quellen lassen, bis er die Flüssigkeit aufgesaugt hat und weich ist.

2 Die Frühlingszwiebeln waschen, welke Blätter und Wurzel entfernen und die Zwiebeln in feine Ringe schneiden. Die Tomaten waschen, von den Stielansätzen und Kernen befreien und würfeln. Petersilie und Minze waschen, trocken tupfen, die Blätter von den Stielen zupfen und fein hacken.

3 Den Bulgur mit Zwiebeln, Tomaten und den Kräutern in einer Schüssel vermischen. Den Zitronensaft mit dem Öl verrühren, über den Salat geben und alles gut vermengen. Mit Salz und Pfeffer abschmecken und vor dem Servieren etwa 30 Minuten durchziehen lassen.

Tortellini-Thunfisch-Salat

Zubereitungszeit ca. 20 Minuten | plus Ziehzeit ca. 1 Stunde | fertig in ca. 1 Stunde 20 Minuten |
pro Portion ca. 665 kcal/2793 kJ, 24 g E, 21 g F, 91 g KH

Für 4 Portionen
500 g Tortellini
Salz
1 kleine Zwiebel
½ Bund Basilikum
4 El schwarze Oliven ohne Stein
4 Fleischtomaten
2 gelbe Paprikaschoten
300 g Thunfisch im eigenen Saft (aus der Dose)
4 El Essig
4 El Olivenöl
Pfeffer

1 Die Tortellini nach Packungsanweisung in reichlich gesalzenem Wasser garen. Abgießen, abschrecken und abkühlen lassen.

2 Während die Tortellini kochen, die Zwiebel schälen und fein hacken. Das Basilikum waschen, trocken schütteln, die Blätter von den Stielen zupfen und in feine Streifen schneiden. Die Oliven in Ringe schneiden.

3 Die Tomaten waschen, die Stielansätze und Kerne entfernen und das Fruchtfleisch würfeln. Die Paprikaschoten waschen, von Kernen und weißen Trennhäuten befreien und in Streifen schneiden.

4 Den Thunfisch abtropfen lassen und mit einer Gabel zerpflücken. Tortellini, Gemüse, Zwiebel und Basilikum mit dem Thunfisch in einer großen Schüssel vermengen.

5 Aus Essig, Öl, schwarzem Pfeffer und Salz ein Dressing mischen und mit dem Salat verrühren. Den Salat im Kühlschrank etwa 1 Stunde durchziehen lassen und nochmals abschmecken.

!! Am besten schmecken hier Tortellini mit Spinat und Ricotta gefüllt. Für ein Party-Buffet könnt ihr die Zutatenmengen für diesen Salat einfach nach Bedarf vervielfachen.

Griechischer Bauernsalat

Zubereitungszeit ca. 30 Minuten | plus Ziehzeit ca. 30 Minuten | fertig in ca. 1 Stunde |
pro Portion ca. 420 kcal/1760 kJ, 12 g E, 36 g F, 12 g KH

Für 4 Portionen
1 Salatgurke
2 gelbe Paprikaschoten
500 g Tomaten
2 Frühlingszwiebeln
½ Bund Petersilie
200 g Schafskäse
120 g schwarze Oliven
1 Knoblauchzehe
6 Zweige Thymian
2 El Weißweinessig
6 El Olivenöl
Salz
Pfeffer

1 Die Gurke waschen, schälen, längs halbieren und in ca. ½ cm dicke Stücke schneiden. Die Paprika waschen, von den Kernen und weißen Trennhäuten befreien und in grobe Würfel schneiden. Die Tomaten waschen, Stielansätze entfernen und die Tomaten achteln. Die Frühlingszwiebeln waschen, Wurzeln und verwelktes äußeres Grün entfernen und die Zwiebeln in dünne Ringe schneiden.

2 Die Petersilie waschen und trocken tupfen. Die Blätter von den Stielen zupfen und fein hacken. Den Schafskäse mit den Händen zerkrümeln. Gemüse, Petersilie, Oliven und Schafskäse in einer großen Schüssel miteinander vermischen.

3 Für das Dressing den Knoblauch schälen und fein hacken. Den Thymian waschen, trocken tupfen und die Blättchen abstreifen. Essig, Öl, Thymian, Knoblauch, Salz und Pfeffer zu einer Vinaigrette verrühren und über den Salat geben. Gut mischen und mindestens 30 Minuten durchziehen lassen.

Gurke schälen, längs halbieren und in Stücke schneiden.

Schafskäse zerkrümeln.

Vinaigrette verrühren und über den Salat geben.

Dieser Klassiker der griechischen Küche passt zu vielen Gelegenheiten: für die Party, zum Grillen, als Vorspeise oder als sättigendes Hauptgericht mit Fladenbrot.

Fleischbällchen mit Käsefüllung

Zubereitungszeit ca. 25 Minuten | plus Garzeit ca. 15 Minuten | fertig in ca. 40 Minuten |
pro Portion ca. 825 kcal/3465 kJ, 35 g E, 68 g F, 20 g KH

Für 4 Portionen
1 Brötchen vom Vortag
1 Zwiebel
1 Knoblauchzehe
½ Bund Kerbel
1 El Öl
500 g Rinderhackfleisch
2 Eier
2 El Tomatenpüree
Salz
Pfeffer
100 g Kräuterschmelzkäse
60 g Paniermehl
250 g Butterschmalz

1 Das Brötchen in warmem Wasser einweichen. Zwiebel und Knoblauchzehe schälen und hacken. Den Kerbel waschen, trocken schleudern und die Blättchen hacken.

2 Das Öl in einer Pfanne erhitzen und Zwiebel und Knoblauch darin andünsten. In eine Schüssel geben und etwas abkühlen lassen. Das Brötchen gut ausdrücken und mit Hackfleisch, Zwiebel, Knoblauch, Eiern und Tomatenpüree zu einem glatten Teig verrühren. Mit Salz und Pfeffer abschmecken.

3 Aus dem Fleischteig kleine Bällchen formen und in jedes Bällchen ½ Tl Schmelzkäse drücken. Die Fleischbällchen im Paniermehl wenden.

4 In einer Pfanne das Butterschmalz erhitzen und die Fleischbällchen darin goldbraun ausbacken. Auf Küchenpapier abtropfen lassen. Kalt oder warm mit einem Dip nach Geschmack servieren.

Hackbällchen mit Mandeln

Zubereitungszeit ca. 20 Minuten | plus Garzeit ca. 15 Minuten | fertig in ca. 35 Minuten |
pro Portion ca. 863 kcal/3625 kJ, 44 g E, 73 g F, 10 g KH

Für 4 Portionen

1 Brötchen vom Vortag
2 Zwiebeln
500 g gemischtes Hackfleisch
350 g gehackte Mandeln
1 Ei
1 Eigelb
Salz
Pfeffer
1 El Hackfleischgewürz
2 El frisch gehackte Petersilie
3 El Öl

!! Ihr könnt die Hackbällchen auch im Ofen zubereiten, gerade bei größeren Mengen ist das einfacher und der Geruch hängt auch nicht in der ganzen Küche. Dazu legt ihr die Hackbällchen einfach auf ein Blech mit Backpapier und schiebt sie in den auf 200 °C vorgeheizten Ofen. Nach ca. 20 Minuten, je nach Größe der Bällchen, sind sie fertig.

1 Das Brötchen in warmem Wasser einweichen. Nach etwa 10 Minuten gut ausdrücken und in eine Schüssel geben. In der Zwischenzeit die Zwiebeln schälen und hacken.

2 Zwiebeln mit Hackfleisch, Mandeln, Ei und Eigelb zum Brötchen geben und alles zu einem glatten Teig verarbeiten. Mit Salz, Pfeffer und Hackfleischgewürz abschmecken und die Petersilie unterheben.

3 Aus dem Fleischteig mit angefeuchteten Händen kleine Bällchen formen. Das Öl in einer Pfanne erhitzen und die Hackbällchen darin rundherum goldbraun braten. Schmecken warm oder kalt.

Nudelsalat mit Pute

Zubereitungszeit ca. 30 Minuten | pro Portion ca. 550 kcal/2260 kJ, 28 g E, 16 g F, 66 g KH

Für 4 Portionen
400 g Farfalle
Salz
6 El Olivenöl
300 g Putenbrustfilet
Pfeffer
500 g Tomaten
2 rote Zwiebeln
2 Knoblauchzehen
1 Stange Staudensellerie
½ Bund Basilikum
4 El Aceto balsamico
2 El Kapern

1 Die Nudeln in Salzwasser garen. In der Zwischenzeit 2 El Olivenöl in einer Pfanne erhitzen und das Putenbrustfilet darin von beiden Seiten etwa 3 Minuten braten. Mit Salz und Pfeffer würzen und etwas abkühlen lassen.

2 Die Tomaten waschen, trocknen, die Stielansätze entfernen und die Tomaten achteln. Zwiebeln und Knoblauch schälen und fein hacken. Den Staudensellerie putzen, waschen und in dünne Scheiben schneiden.

3 Alles bis auf das Fleisch in einer Schüssel verrühren. Die Nudeln abgießen, abschrecken und etwas abkühlen lassen.

4 Das Basilikum waschen und trocken tupfen. Die Blätter von den Stielen zupfen und hacken. Den Aceto balsamico mit dem restlichen Öl, den Kapern und 2 El Kapernwasser verrühren und mit Salz und Pfeffer abschmecken.

5 Die Nudeln mit dem Gemüse mischen, das Dressing über den Salat geben. Die Putenbrust in Scheiben schneiden und darüberlegen. Mit Basilikum bestreut servieren.

Bayerischer Wurstsalat

Zubereitungszeit ca. 15 Minuten | pro Portion ca. 328 kcal/1377 kJ, 11 g E, 30 g F, 3 g KH

Für 4 Portionen
100 g Fleischwurst
100 g Krakauer
100 g Schinkenwurst
2 Zwiebeln
5 Gewürzgurken
4 El Sonnenblumenöl
6 El Weißweinessig
Salz
Pfeffer
2 El frisch gehackte Petersilie

1 Die Wurst in dünne Streifen schneiden. Die Zwiebeln schälen und in dünne Ringe schneiden. Die Gewürzgurken würfeln.

2 Alle Zutaten in einer Schüssel mischen und mit Petersilie bestreuen. Bis zum Verzehr kühl stellen.

Dazu schmecken natürlich Laugenbrezeln, aber auch Baguette.

!!

Die Zwiebel ist nicht nur ein wahres Multitalent in der Küche, sondern spielt auch in der Naturmedizin eine Rolle. So wirkt Zwiebelsirup antibakteriell und entzündungshemmend bei Husten und Schnupfen. Hierfür schneidet ihr eine geschälte Zwiebel klein, mischt sie mit etwas Zucker oder Honig und lasst alles abgedeckt ziehen, bis sich 1 – 2 El Sirup gebildet haben. Diesen langsam und teelöffelweise einnehmen.

Bunter Reissalat

Zubereitungszeit ca. 20 Minuten | plus Gar- und Ziehzeit ca. 40 Minuten | fertig in ca. 1 Stunde |
pro Portion ca. 522 kcal/2192 kJ, 13 g E, 32 g F, 44 g KH

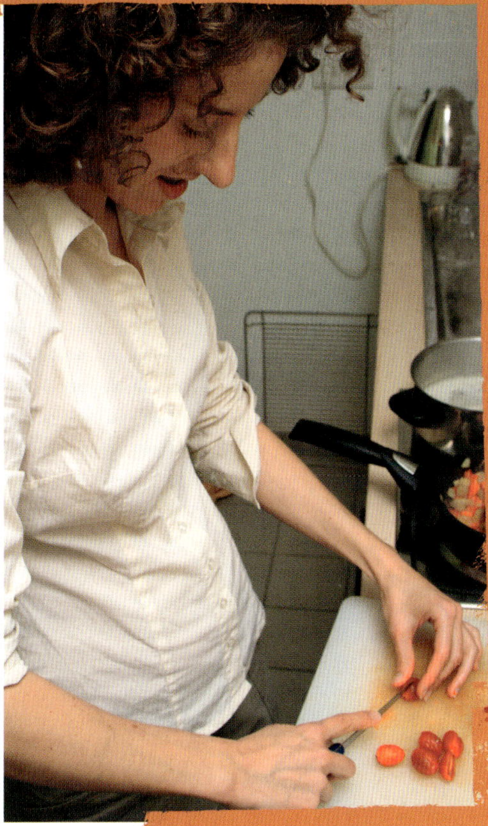

Für 4 Portionen
200 g Reismischung mit Wildreis
Salz
300 g Cocktailtomaten
1 gelbe Paprikaschote
1 Bund Frühlingszwiebeln
½ Bund glatte Petersilie
120 g mittelalter Gouda
5 El Sojaöl
Saft von 1 Zitrone
Pfeffer
1 Avocado

1 Den Reis in reichlich Salzwasser nach Packungsanweisung garen, in ein Sieb abgießen und abtropfen lassen. In der Zwischenzeit die Tomaten waschen, vierteln und die Stielansätze herausschneiden. Die Paprika waschen, von Kernen und Trennwänden befreien und fein würfeln.

2 Die Frühlingszwiebeln waschen, Wurzelansatz und welke Blätter entfernen und die Zwiebeln in feine Ringe schneiden. Die Petersilie waschen, trocken schütteln, die Blätter von den Stielen zupfen und fein hacken.

3 Den Gouda entrinden und in kleine Würfel schneiden. Das Sojaöl mit dem Zitronensaft kräftig verrühren und mit Salz und Pfeffer abschmecken. Die Avocado schälen, halbieren, den Kern entfernen und das Fruchtfleisch fein würfeln.

4 Den Reis mit den anderen Zutaten vermengen und das Dressing unterheben. Abgedeckt im Kühlschrank mindestens 30 Minuten ziehen lassen. Danach noch mal mit Salz und Pfeffer abschmecken.

Wildreis ist aus botanischer Sicht gar kein Reis, sondern eine Wasserpflanze. Die langen, dünnen schwarzen Körner des Wildreises werden aber, meist mit Reis gemischt, wie dieser verwendet. Das Aroma ist leicht nussartig.

!

Chili con carne

Zubereitungszeit ca. 20 Minuten ¦ plus Garzeit ca. 20 Minuten ¦ fertig in ca. 40 Minuten ¦
pro Portion ca. 450 kcal/1880 kJ, 35 g E, 24 g F, 24 g KH

Chili und Paprika in Ringe bzw. Stücke schneiden.

Hackfleisch krümelig braten.

Chili köcheln lassen.

Für 4 Portionen
500 g Kidneybohnen (aus der Dose)
150 g Mais (aus der Dose)
1 große Zwiebel
2 Knoblauchzehen
1 Chilischote
1 grüne Paprikaschote
300 g Tomaten (aus der Dose)
3 El Olivenöl
500 g Rinderhack
1 El Tomatenmark
1 Lorbeerblatt
400 ml Fleisch- oder Gemüsebrühe
Salz
Pfeffer
1 Tl Chilipulver
1 Tl Oregano
½ Tl Zucker
½ Tl gemahlener Kreuzkümmel

1 Kidneybohnen und Mais in ein Sieb geben und unter fließendem Wasser abspülen. Abtropfen lassen. Zwiebel und Knoblauch schälen und fein hacken. Chili und Paprika waschen, trocknen, die Kerne und weißen Trennhäute entfernen. Paprika würfeln, Chili in feine Ringe schneiden. Die Tomaten in Stücke schneiden.

2 Das Öl in einem Schmortopf erhitzen und die Zwiebel kurz darin anschmoren. Das Hackfleisch hinzufügen und unter ständigem Rühren kräftig anbraten. Dabei immer wieder mit dem Kochlöffel zerdrücken, bis es krümelig ist.

3 Kidneybohnen, Mais, Paprika, Chili, Tomaten, Tomatenmark, Knoblauch und Lorbeerblatt hinzufügen. Mit Brühe aufgießen und mit den Gewürzen abschmecken.

4 Das Chili offen etwa 20 Minuten auf kleiner Flamme schmoren lassen.

! Es lohnt sich, von diesem Eintopf eine größere Menge zu machen – aufgewärmt am nächsten Tag schmeckt er nämlich noch mal so gut!

Hähnchenschenkel vom Blech

Zubereitungszeit ca. 25 Minuten | plus Garzeit ca. 45 Minuten | fertig in ca. 1 Stunde 10 Minuten |
pro Portion ca. 488 kcal/2043 kJ, 36 g E, 18 g F, 43 g KH

Für 4 Portionen
grobes Meersalz
1 kg kleine festkochende Kartoffeln
2 Rosmarinzweige
4 Hähnchenschenkel
Salz
Pfeffer
2 Tl edelsüßes Paprikapulver
4 kleine Zucchini
1 große rote Paprikaschote
250 g Cocktailtomaten

1 Ein Backblech mit Backpapier auslegen und mit Meersalz bestreuen. Die Kartoffeln sauber bürsten, aufs Blech legen und mit Rosmarinnadeln bestreuen.

2 Die Hähnchenschenkel im Gelenk teilen. 1 Tl Salz mit Pfeffer und Paprikapulver mischen und die Schenkel damit einreiben. Zwischen die Kartoffeln aufs Blech legen und im Ofen bei 200 °C (Umluft 180 °C) etwa 25 Minuten backen.

3 In der Zwischenzeit das Gemüse waschen und abtrocknen. Die Zucchini in Streifen schneiden, die Paprikaschote entkernen und ebenfalls in dünne Streifen schneiden. Die Cocktailtomaten einpiksen.

4 Das Gemüse nach Ablauf der 25 Minuten zu Kartoffeln und Hähnchen aufs Blech legen und mit dem Bratfond vom Blech begießen. Weitere 20 Minuten backen.

!! Bei Kartoffeln spricht man von festkochenden, vorwiegend festkochenden und mehlig kochenden Sorten. Sie unterscheiden sich darin, ob sie beim Garen fest bleiben und ihre Form behalten (festkochend, geeignet für Bratkartoffeln, Salate, Aufläufe) oder eher trocken werden und auseinanderbrechen (mehlig kochend, geeignet für Suppen, Püree und Klöße).

Ofenkartoffeln mit Tomatendip

Zubereitungszeit ca. 20 Minuten | plus Garzeit ca. 45 Minuten | fertig in ca. 1 Stunde 5 Minuten |
pro Portion ca. 335 kcal/1407 kJ, 4 g E, 21 g F, 31 g KH

Für 4 Portionen

4 große mehlig kochende Kartoffeln
4 Tl Öl
1 Knoblauchzehe
1 kleine rote Chilischote
4 Zweige Basilikum
100 g weiche Butter
1 El Tomatenmark
Salz
Pfeffer

!! Kartoffeln nach dem Einkauf immer aus der Folienverpackung nehmen, sonst fangen sie an zu schwitzen und damit zu faulen. Kartoffeln sollten kühl und dunkel gelagert werden.

VARIATION

IHR KÖNNT DIE KARTOFFELN AUCH IN DER SCHALE 10–15 MINUTEN VORKOCHEN (AUCH EINEN TAG VORHER) UND DANN ERST IN ALUFOLIE GEWICKELT IN DEN OFEN GEBEN. DANN VERRINGERT SICH DIE GARZEIT IM OFEN UM CA. 30 MINUTEN.

1 Den Ofen auf 220 °C vorheizen. Die Kartoffeln unter fließendem Wasser abbürsten und abtrocknen. Rundherum mit einer Gabel leicht einstechen; so wird verhindert, dass die Schale beim Backen im Ofen platzt.

2 Für jede Kartoffel ein passendes Stück Alufolie mit Öl bestreichen, die Kartoffeln einzeln fest darin einwickeln. Auf einem Rost im Ofen auf der mittleren Schiene ca. 1 Stunde garen.

3 Für den Tomaten-Dip den Knoblauch schälen. Die Chili waschen und putzen (Vorsicht, danach direkt die Hände waschen!). Beides fein hacken. Das Basilikum waschen und trocken tupfen. Die Blätter abzupfen und fein hacken.

4 Die Butter mit Knoblauch, Chili, Basilikum und Tomatenmark in einer Schüssel verrühren. Salzen und pfeffern.

5 Nach 1 Stunde prüfen, ob die Kartoffeln gar sind: Wenn man mit einer Gabel in die dickste Stelle sticht und sie dringt leicht ein, ist die Kartoffel fertig. Die Kartoffeln aus dem Ofen nehmen, die Folie oben öffnen und die Kartoffeln kreuzweise einschneiden. Je 1 Klecks Tomatenbutter daraufsetzen und servieren.

Kartoffeln abbürsten.

Kartoffeln fest in Alufolie wickeln.

Zutaten für die Tomatenbutter verrühren.

Hackauflauf mit Gemüse und Reis

Zubereitungszeit ca. 40 Minuten | plus Garzeit ca. 30 Minuten | fertig in ca. 1 Stunde 10 Minuten |
pro Portion ca. 865 kcal/3633 kJ, 37 g E, 53 g F, 60 g KH

Für 4 Portionen
250 g Langkornreis
Salz
1 Knoblauchzehe
5 El Öl
500 g gemischtes Hackfleisch
Pfeffer
edelsüßes Paprikapulver
400 g Tomaten
300 g Auberginen
300 g Zucchini
300 g gelbe Paprikaschoten
200 ml Sahne
1 Päckchen gemischte TK-Kräuter
2 Eier
20 g geschmolzene Butter

!!

Sollte die Oberfläche vom Auflauf zu dunkel werden, einfach für die restliche Backzeit mit Alufolie abdecken. Das gilt vor allem für Aufläufe, die mit Käse überbacken werden.

1 Den Reis nach Packungsanleitung in Salzwasser garen. Dann abgießen und abtropfen lassen.

2 In der Zwischenzeit den Knoblauch schälen und hacken. 2 El Öl in einer Pfanne erhitzen. Das Hackfleisch mit dem Knoblauch im heißen Öl anbraten, bis es krümelig wird. Mit Salz, Pfeffer und Paprika würzen.

3 Das Gemüse waschen, putzen und in Scheiben bzw. die Paprika in Stücke schneiden. Jeweils 1 El Olivenöl in einer Pfanne erhitzen und nacheinander Auberginen, Zucchini und Paprika darin von beiden Seiten etwa 3 Minuten braten. Dann mit Salz und Pfeffer abschmecken.

4 Den Backofen auf 180 °C (Umluft 160 °C) vorheizen. In eine Auflaufform abwechselnd neben- oder übereinander Gemüse, Reis und Hackfleisch schichten. Die Sahne mit Kräutern und Eiern mischen und darübergießen. Den Auflauf im Ofen etwa 30 Minuten backen. Währenddessen nach und nach die geschmolzene Butter darüberträufeln.

Hackbraten mit getrockneten Tomaten

Zubereitungszeit ca. 25 Minuten | plus Back- und Ruhezeit ca. 50 Minuten | fertig in ca. 1 Stunde 15 Minuten |
pro Portion ca. 700 kcal/2940 kJ 51 g E, 54 g F, 5 g KH

Für 4 Portionen
800 g gemischtes Hackfleisch
2 Eier
3 El Paniermehl
1 El frisch gehackte Petersilie
1 Tl getrockneter Oregano
Salz
Pfeffer
100 g getrocknete Tomaten in Öl
2 eingelegte Sardellenfilets
2 El Sahne
150 g Mozzarella
2 El Olivenöl

1 Den Backofen auf 190 °C (Umluft 170 °C) vorheizen. Das Hackfleisch in einer Schüssel mit den Eiern, dem Paniermehl und den Kräutern mischen. Mit Salz und Pfeffer würzen. Die getrockneten Tomaten abtropfen lassen und fein würfeln.

2 Ebenso die Sardellenfilets klein schneiden. Tomaten, Sardellenfilets und Sahne zum Hackfleisch geben. Den Mozzarella fein würfeln und unter die Masse heben.

3 Die Hackmischung in eine mit 1 El Öl gefettete Kastenform geben und mit dem restlichen Öl beträufeln.

4 Im Ofen etwa 40 Minuten backen. Dann 10 Minuten ruhen lassen. Hackbraten aus der Form stürzen und warm oder kalt servieren. Dazu schmeckt Tomatensauce.

Kartoffel-Gemüse-Tortilla

Zubereitungszeit ca. 20 Minuten | plus Garzeit ca. 30 Minuten | fertig in ca. 50 Minuten |
pro Portion ca. 250 kcal/1050 kJ, 13 g E, 17 g F, 10 g KH

Für 4 Portionen
1 Zwiebel
2 große Kartoffeln
300 g Brokkoli
4 El Olivenöl
5 Eier
Salz
Pfeffer
½ Tl scharfes Paprikapulver
geriebene Muskatnuss

1 Die Zwiebel schälen und sehr fein hacken. Die Kartoffeln waschen, schälen und in ca. 1 cm große Würfel schneiden. Den Brokkoli putzen, waschen und trocken tupfen. In Röschen zerteilen und in mundgerechte Stücke schneiden.

2 2 El Öl in einer Pfanne erhitzen und die Kartoffelwürfel bei schwacher Hitze unter Rühren 10–15 Minuten braten. Zwiebel und Brokkoli hinzufügen und alles 5–10 Minuten weitergaren. Sobald die Kartoffeln fast gar und die Brokkolistücke noch bissfest sind, die Pfanne vom Herd nehmen.

3 Die Eier in einer Schüssel aufschlagen, mit Salz, Pfeffer, Paprikapulver und Muskat kräftig würzen. Die Kartoffel-Brokkoli-Mischung hinzufügen und gut mit den Eiern vermischen.

4 Das restliche Öl in der Pfanne erhitzen, die Kartoffel-Ei-Mischung hineingeben und gut umrühren. Ca. 3–4 Minuten stocken lassen, bis sich eine Kruste bildet. Die Tortilla vorsichtig wenden (siehe Tipp rechts) und weitere 3–4 Minuten braten.

Kartoffelwürfel bei schwacher Hitze braten.

Gemüsemischung mit Eiern verrühren.

Die Eier-Gemüse-Mischung in der Pfanne stocken lassen.

!!

So wird das Wenden der Tortilla zum Kinderspiel: Man legt einen ausreichend großen Teller über die Pfanne, hält ihn fest und wendet dann mit der anderen Hand die Pfanne, sodass die Tortilla auf dem Teller liegt. Dann lässt man die Tortilla vorsichtig zurück in die Pfanne gleiten.

Lasagne

Zubereitungszeit ca. 30 Minuten | plus Garzeit ca. 40 Minuten | fertig in ca. 1 Stunde 10 Minuten |
pro Portion ca. 1065 kcal/4473 kJ, 55 g E, 50 g F, 94 g KH

Für 4 Portionen

1 Zwiebel
1 Möhre
2 El Olivenöl
400 g gemischtes Hackfleisch
1 Tl getrockneter Thymian
600 g Tomatenstücke (aus der Dose)
Salz
Pfeffer
2 El Butter
4 El Mehl
500 ml Weißwein
150 ml Milch
500 g Lasagneblätter (ohne Vorkochen)
300 g frisch geriebener Cheddar
Fett für die Form

1 Zwiebel und Möhre schälen und hacken bzw. würfeln. Das Öl in einer Pfanne erhitzen und die Zwiebel darin glasig dünsten. Möhre und Hack hinzufügen und gut anbraten, bis das Fleisch krümelig wird. Thymian und Tomaten unterrühren und mit Salz und Pfeffer abschmecken.

2 Die Butter in einem kleinen Topf erhitzen, das Mehl hinzufügen und unter ständigem Rühren anschwitzen. Mit dem Weißwein ablöschen und alles sämig einkochen lassen. Dann die Milch unterrühren und mit Salz abschmecken. Den Backofen auf 200 °C (Umluft 180 °C) vorheizen.

3 Eine Auflaufform einfetten. Etwas von der Sauce hineingeben, darauf eine Lage Lasagneblätter legen und diese mit Hackfleischsauce bestreichen. Mit etwas Käse bestreuen. So weiterschichten, bis alle Zutaten aufgebraucht sind. Die letzte Schicht sollte aus Sauce und darauf Käse bestehen. Die Lasagne im Ofen etwa 40 Minuten goldbraun backen.

VARIATION

DIESES GRUNDREZEPT LÄSST SICH VIELFÄLTIG VARIIEREN. SO KÖNNT IHR BLANCHIERTE WIRSINGBLÄTTER MITVERWENDEN, GEBRATENE AUBERGINEN- UND ZUCCHINISCHEIBEN MIT IN DIE FORM SCHICHTEN ODER IHR MACHT EINE VARIANTE MIT FRISCHEN TOMATEN UND MOZZARELLA.

Lasagne mit Wirsing

Lasagne mit Auberginen

Lasagne mit Tomaten und Mozzarella

Pizza Margherita

Zubereitungszeit ca. 25 Minuten ¦ plus Ruhe- und Garzeit ca. 1 Stunde ¦ fertig in ca. 1 Stunde 25 Minuten ¦
pro Portion ca. 720 kcal/3010 kJ, 31 g E, 31 g F, 76 g KH

Für 4 Portionen

400 g Weizenmehl (oder spezielles Pizzamehl)
20 g frische Hefe
6 El Olivenöl
1 Tl Salz
800 g Tomaten (oder 400 g gehackte Tomaten aus der Dose)
400 g Mozzarella
2 Tl getrockneter Oregano
Pfeffer
1 Bund Basilikum
Mehl zum Ausrollen

1 Für den Hefeteig das Mehl in eine Schüssel sieben, in die Mitte eine Mulde drücken und die Hefe hineinbröckeln. Mit etwas lauwarmem Wasser verrühren und 10 Minuten quellen lassen. Danach 2 El Olivenöl, Salz sowie etwas lauwarmes Wasser hinzugeben und mit den Knethaken des Handrührgeräts verkneten. Dabei nach und nach ca. 200 ml lauwarmes Wasser einfließen lassen. Den Teig so lange kneten, bis er sich vom Schüsselrand löst und Blasen wirft. Der Teig sollte sich trocken anfühlen und nicht an den Fingern kleben, ggfs. noch etwas Mehl unterkneten. Die Schüssel abdecken und den Teig an einem zugfreien Ort ca. 40 Minuten gehen lassen.

2 Inzwischen die Tomaten über Kreuz einritzen, kurz mit kochendem Wasser überbrühen, mit kaltem Wasser abschrecken und mit einem kleinen Messer häuten. Dann vierteln, von den Stielansätzen befreien, entkernen und würfeln. Bei der Verwendung von Dosentomaten ist keine Vorarbeit nötig. Den Mozzarella in Scheiben schneiden.

3 Den Backofen auf 220 °C Ober- und Unterhitze vorheizen (bei Umluft bestünde die Gefahr, dass die Pizza zu trocken wird). 2 Backbleche mit Olivenöl bestreichen. Den aufgegangenen Teig auf einer bemehlten Arbeitsfläche in 2 Platten in Größe der Backbleche ausrollen und auf die Bleche legen. Mit etwas Olivenöl bestreichen und salzen. Die Tomaten gleichmäßig auf dem Teig verteilen und sie mit Oregano, Salz und Pfeffer würzen. Die Mozzarellascheiben auf den Pizzen verteilen. Die Pizzen nacheinander im Ofen ca. 20 Minuten backen.

4 Inzwischen das Basilikum waschen, trocknen und hacken. Die Pizzen aus dem Ofen holen, mit Basilikum bestreuen und sofort heiß servieren.

!

Der Name dieser Pizza soll auf die italienische Königin Margherita zurückgehen. 1889 soll ihr zu Ehren in Neapel – der Wiege der Pizza – diese Variante in den italienischen Nationalfarben (rote Tomate, weißer Mozzarella, grünes Basilikum) kreiert worden sein.

VARIATION

DIESES GRUNDREZEPT FÜR DIE „MUTTER ALLER PIZZEN“ KÖNNT IHR NATÜRLICH MIT ALLEN ERDENKLICHEN ZUTATEN AUFPEPPEN: THUNFISCH, SCAMPI, FRISCHEN CHAMPIGNONS, SALAMI, SCHINKEN, ZWIEBELN UND UND UND ...

Pizza mit Salami und Gemüse

Zubereitungszeit ca. 30 Minuten | plus Geh- und Backzeit ca. 1 Stunde 20 Minuten | fertig in ca. 1 Stunde 50 Minuten |
pro Stück ca. 281 kcal/1180 kJ, 12 g E, 12 g F, 29 g KH

Für 12 Stücke (1 Blech) oder 4 runde Pizzen

450 g Mehl
1 Päckchen Trockenhefe
1 Prise Zucker
Salz
5 El Olivenöl
1 Zwiebel
1 El Butter
400 g geschälte Tomaten (aus der Dose)
Pfeffer
1 El getrockneter Oregano
2 kleine Zucchini
1 gelbe Paprika
200 g Champignons
100 g Salami in Scheiben
250 g Mozzarella
100 g mittelalter Gouda
Mehl zum Ausrollen
Butter für das Blech

1 Das Mehl in eine Schüssel geben und eine Mulde hineindrücken. Die Hefe hineingeben, die Prise Zucker darüberstreuen. ½ Tl Salz und Öl an den Rand der Schüssel geben.

2 300 ml lauwarmes Wasser in und um die Mulde gießen. Dann mit den Knethaken des Handrührgeräts zu einem glatten Teig verkneten (eventuell etwas mehr lauwarmes Wasser dazugeben). Den Teig mit einem Tuch abgedeckt an einem warmen Ort ca. 1 Stunde gehen lassen, bis er sein Volumen verdoppelt hat.

3 Für die Sauce inzwischen die Zwiebel schälen und fein hacken. Die Butter in einem Topf zerlassen, die Zwiebel darin bei mittlerer Hitze andünsten. Mit dem Tomatensaft aus der Dose ablöschen. Die geschälten Tomaten zerkleinern und ebenfalls dazugeben. Mit Salz, Pfeffer und ½ El Oregano würzen und etwa 15 Minuten einkochen lassen.

4 Für den Belag das Gemüse waschen und putzen. Die Zucchini in Scheiben, die Paprika in schmale Streifen schneiden. Die Champignons mit Küchenpapier abreiben und in Scheiben schneiden. Die Salamischeiben in Streifen, den Mozzarella in dünne Scheiben schneiden. Den Gouda reiben.

5 Den Backofen auf 220 °C vorheizen. Den aufgegangenen Teig auf einer bemehlten Arbeitsfläche kräftig durchkneten, dann ausrollen. Auf ein gefettetes Backblech legen und vor dem Belegen, mit einem Tuch abgedeckt, etwa 10 Minuten ein 2. Mal gehen lassen.

6 Die Tomatensauce auf den Pizzateig streichen. Gemüse, Pilze und Salamistreifen gleichmäßig auf der Pizza verteilen. Den restlichen Oregano darüberstreuen. Die Pizza mit dem Mozzarella und Gouda belegen. Die Pizza auf mittlerer Schiene etwa 25 Minuten backen.

!! Schneller geht es, wenn ihr fertigen Pizzateig aus dem Kühlregal im Supermarkt verwendet.

Knoblauchgarnelen

Zubereitungszeit ca. 25 Minuten | plus Marinierzeit ca. 2 Stunden | fertig in ca. 2 Stunden 25 Minuten |
pro Portion ca. 550 kcal/2300 kJ, 21 g E, 21 g F, 4 g KH

Für 4 Portionen

800 g Riesengarnelen (TK, ohne Schale und Kopf)
6 Knoblauchzehen
8 El Olivenöl
1 Chilischote
½ Bund glatte Petersilie
Salz
Pfeffer

1 Die Garnelen langsam im Kühlschrank auftauen lassen. 2 Knoblauchzehen schälen und hacken. 5 El Olivenöl mit dem Knoblauch vermischen, die Garnelen in die Mischung geben und mindestens 2 Stunden marinieren lassen.

2 Die Chili waschen, putzen und fein würfeln. Den restlichen Knoblauch schälen und in feine Scheiben schneiden. Die Petersilie waschen und trocken tupfen. Die Blättchen von den Stielen zupfen und fein hacken.

3 Das restliche Öl in einer tiefen Pfanne erhitzen. Knoblauchscheiben und Chili hinzufügen und bei mittlerer Hitze unter Rühren bräunen (Vorsicht, Knoblauch verbrennt schnell und wird dann bitter). Knoblauch und Chili aus der Pfanne nehmen und beiseitestellen.

4 Die Garnelen aus der Marinade nehmen, salzen und pfeffern. In die Pfanne geben und von beiden Seiten kräftig anbraten, dann die Hitze reduzieren. Knoblauch und Chili wieder dazugeben und die Garnelen 2–4 Minuten weiterbraten, dabei mehrmals wenden. Mit Petersilie bestreut servieren.

Dazu schmeckt Baguette.

Garnelen im Knoblauchöl marinieren.

Knoblauch und Chili in der Pfanne bräunen.

Garnelen in der Pfanne braten.

!!

Frische, ungekochte Garnelen sind grau; sie verfärben sich erst beim Garen rosa. Daran erkennt man auch, wann sie durch sind.

Kräuterfisch mit Bulgur

Zubereitungszeit ca. 30 Minuten | plus Backzeit ca. 25 Minuten | fertig in ca. 55 Minuten |
pro Portion ca. 667 kcal/2801 kJ, 44 g E, 23 g F, 67 g KH

Für 4 Portionen
600 g Rotbarschfilet
Saft von 1 Zitrone
Salz
1 Bund glatte Petersilie
1 Knoblauchzehe
60 g Cashewkerne
4 El Cornflakes
1 Ei
30 g weiche Butter
Pfeffer
1 rote Paprikaschote
150 g Möhren
1 El Rapsöl
200 g TK-Erbsen
250 g Bulgur
Currypulver

1 Das Rotbarschfilet waschen, trocken tupfen und in 4 Portionen schneiden. Mit Zitronensaft beträufeln und etwas Salz würzen. Den Backofen auf 200 °C vorheizen.

2 Die Petersilie waschen, trocken schütteln, die Blätter von den Stielen zupfen und fein hacken. Knoblauch schälen und würfeln. Cashewkerne hacken und Cornflakes grob zerbröseln. All diese Zutaten in einer Schüssel mit dem Ei und der Butter vermischen und mit Salz und Pfeffer abschmecken.

3 Die Masse auf die Fischfilets streichen. Den Fisch auf ein mit Backpapier ausgelegtes Blech legen und 20–25 Minuten, je nach Dicke der Fischfilets, auf der mittleren Schiene backen.

4 Inzwischen die Paprika waschen, von Kernen und weißen Trennhäuten befreien und würfeln. Möhren schälen und ebenfalls würfeln. Das Rapsöl in einem Topf erhitzen, die Möhren darin ca. 4 Minuten dünsten. Erbsen und Paprika hinzufügen und weitere 4 Minuten dünsten.

5 Den Bulgur nach Packungsanweisung zubereiten, mit dem Gemüse mischen und mit Salz, Pfeffer und Curry abschmecken. Den Fisch aus dem Ofen holen und mit dem Gemüsebulgur servieren.

Bulgur stammt aus dem Nahen Osten und gehört dort zu den Grundnahrungsmitteln. Es handelt sich dabei um vorgekochten, grob zerkleinerten Weizen. Er ist sehr vielseitig und schmeckt als Beilage zu Fisch, Fleisch und Gemüse, als Hackfleischersatz oder in Salaten wie Tabbouleh.

!

Lachsfilet mit Rucolasauce

Zubereitungszeit: ca. 25 Minuten | pro Portion ca. 252 kcal/1058 kJ, 23 g E, 16 g F, 1 g KH

Für 4 Portionen

500 g Lachsfilet
Salz
Pfeffer
2 El Olivenöl
1 Bund Rucola
1 Knoblauchzehe
300 ml Kalbsfond
3 El kalte Butter
1 Spritzer Zitronensaft

1 Das Lachsfilet waschen, trocken tupfen, in 4 Stücke schneiden und mit Salz und Pfeffer würzen. Das Olivenöl in einer Pfanne erhitzen und die Filets darin nicht ganz durchbraten. Warm stellen.

2 Den Rucola putzen, waschen, trocken schütteln, die Stiele entfernen und die Blätter in feine Streifen schneiden. Den Knoblauch schälen und fein hacken.

3 Den Fond in einem Topf stark einkochen, die kalte Butter zugeben und mit dem Schneebesen schaumig rühren. Die Rucolastreifen und den Knoblauch zugeben und mit Salz, Pfeffer sowie etwas Zitronensaft abschmecken.

4 Die Lachsfilets auf Tellern anrichten und mit der Rucolasauce servieren.

Dazu schmecken Bandnudeln.

VARIATION

WIE BEI ALL UNSEREN FISCHREZEPTEN KÖNNT IHR AUCH HIER TK-FISCH VERWENDEN. VORHER NACH PACKUNGSANWEISUNG AUFTAUEN.

Fischfilet im Gemüsemantel

Zubereitungszeit ca. 20 Minuten | plus Grillzeit ca. 15 Minuten | fertig in ca. 35 Minuten |
pro Portion ca. 218 kcal/915 kJ 218 g E, 5 g F, 3 g KH

Für 4 Portionen
2 Zucchini
Salz
4 Viktoriabarschfilets (à 180 g)
Pfeffer
2 El Zitronensaft
3 El Olivenöl
3 El frisch gehackter Oregano

1 Die Zucchini putzen, waschen und längs in dünne Scheiben schneiden.

2 In einem Topf Wasser mit etwas Salz zum Kochen bringen und die Zucchinischeiben darin etwa 2 Minuten blanchieren. Abgießen, kalt abspülen und in einem Sieb abtropfen lassen.

3 Die Fischfilets waschen und trocken tupfen. Jedes Filet halbieren, mit Salz und Pfeffer würzen und mit Zitronensaft beträufeln.

4 Jeweils 1 Stück Barschfilet mit 2 Zucchinischeiben umwickeln und mit einem Holzstäbchen zusammenstecken. Mit Olivenöl bestreichen.

5 Den Backofengrill vorheizen. Die Fischpäckchen auf einen Rost legen und unter dem Grill von jeder Seite ca. 6 Minuten grillen. Mit Oregano bestreuen.

Schmeckt super mit Knoblauchmayonnaise und grünem Salat.

Kräuterhähnchen

Zubereitungszeit ca. 30 Minuten | plus Garzeit ca. 1 Stunde 10 Minuten | fertig in ca. 1 Stunde 40 Minuten |
pro Portion ca. 570 kcal/2380 kJ, 53 g E, 35 g F, 12 g KH

Für 4 Portionen

2 küchenfertige Brathähnchen (à 1,2 kg)
2 Tl Salz
2 Tl edelsüßes Paprikapulver
4 Knoblauchzehen
½ Bund glatte Petersilie
2 Zweige Rosmarin
½ Bund Basilikum
½ Bund Salbei
½ Bund Thymian
Saft und Schale von 1 unbehandelten Zitrone
4 El Olivenöl
Pfeffer
800 g Tomaten (aus der Dose)
1 Tl Zucker

1 Den Backofen auf 200 °C (Umluft 180 °C) vorheizen. Die Hähnchen gründlich mit kaltem Wasser abbrausen. Mit Küchenkrepp innen wie außen trocken tupfen. Überstehende Haut an der Hals- und Schwanzöffnung mit einem Küchenmesser abschneiden. Die Hähnchen innen und außen kräftig mit Salz und Paprika einreiben, auf ein Backblech setzen und auf der zweiten Schiene von unten etwa 40 Minuten garen.

2 In der Zwischenzeit die Knoblauchzehen schälen und fein hacken. Die Kräuter waschen und mit Küchenkrepp trocken tupfen. Die Blättchen bzw. Nadeln von den Stielen zupfen und hacken (das Basilikum dabei getrennt hacken).

3 2 der Knoblauchzehen mit allen Kräutern außer dem Basilikum in ein Schälchen geben, mit Zitronenschale und -saft mischen. 2 El Olivenöl unterrühren und mit Pfeffer kräftig würzen.

4 Nach 40 Minuten das Hähnchen mit der Kräutermischung bepinseln und zurück in den Ofen schieben. Weitere 20 – 30 Minuten braten.

5 Für die Tomatensauce die Tomaten abtropfen lassen und in Stücke schneiden. Das restliche Olivenöl in einer beschichteten Pfanne erhitzen, die Tomaten mit dem restlichen Knoblauch hineingeben und etwa 10 Minuten schmoren. Das Basilikum dazugeben, mit Salz, Pfeffer und Zucker abschmecken.

6 Nach der Bratzeit prüfen, ob das Hähnchen gar ist: Sticht man mit einem spitzen Messer bis zur Mitte in die Hähnchenbrust und es tritt klarer Fleischsaft aus, ist das Hähnchen fertig.

7 Das Hähnchen aus dem Ofen holen und mit dem Rücken auf ein Brett legen. Flügel und Keulen mit einem großen Küchenmesser an den Gelenken abtrennen. Für das Brustfilet links und rechts am Brustbein entlangschneiden und die Bruststücke herauslösen. Die Tomatensauce zum Hähnchen servieren.

Dazu passen Baguette, Reis oder Pommes frites.

Frische Kräuter schmecken toll, aber ihr könnt für die Kräutermischung natürlich auch eine Packung gemischte italienische TK-Kräuter nehmen.

!!

VARIATION

WENN EUCH DAS BRATEN UND ZERLEGEN EINES GANZEN HÄHNCHENS ZU VIEL IST, KÖNNT IHR AUCH DIE ENTSPRECHENDE MENGE HÄHNCHENSCHENKEL UND -BRÜSTE VERWENDEN. DANN KÖNNT IHR DIE HÄHNCHENTEILE DIREKT ZU BEGINN MIT DER KRÄUTERMISCHUNG EINREIBEN. DIE GESAMT-BRATZEIT VERKÜRZT SICH DANN AUF 40 – 50 MINUTEN.

Hähnchenrollen mit Lavendelsauce

Zubereitungszeit ca. 20 Minuten | plus Bratzeit ca. 25 Minuten | fertig in ca. 45 Minuten |
pro Portion ca. 237 kcal/995 kJ, 43 g E, 5 g F, 2 g KH

Für 4 Portionen

100 g Pecorino
4 Hähnchenschnitzel
2 El Tomatenmark
4 Scheiben Parmaschinken
3 El Pflanzenöl
1 El frisch gehackte Petersilie
4 El Lavendelblüten
4 El Sherry
200 ml Hühnerbrühe
Salz
Pfeffer
1 Tl Speisestärke
1 Tl Zitronensaft

1 Den Pecorino mit einem Sparschäler in 8 dünne Scheiben hobeln. Restlichen Käse reiben. Fleisch waschen, trocken tupfen, flach klopfen (mit einem Fleischklopfer oder einer Pfanne) und mit Tomatenmark bestreichen. Mit den Schinkenscheiben belegen und darauf die gehobelten Käsescheiben verteilen. Geriebenen Käse daraufstreuen, die Schnitzel zusammenrollen und mit Spießen feststecken.

2 Öl in einer Pfanne erhitzen und die Rollen darin von allen Seiten gut anbraten.

3 Petersilie und Lavendel in die Pfanne geben, Sherry und Hühnerbrühe angießen und alles weitere 5 Minuten köcheln. Mit Salz und Pfeffer abschmecken. Abgedeckt 15 Minuten schmoren.

4 Fleisch aus der Pfanne nehmen und warm stellen. Die Speisestärke mit etwas Wasser anrühren und die Sauce damit binden. Mit Salz, Pfeffer und Zitronensaft abschmecken. Hähnchenrollen mit der Lavendelsauce servieren.

Dazu passen Bandnudeln.

Lavendelblüten könnt ihr in der Apotheke kaufen. Und auch, wenn ihr Lavendel sonst eher von Seife oder Duftsäckchen kennt – man kann auch gut mit Lavendel kochen und in dieser Sauce schmeckt er wirklich toll!

!!

Lammfilet mit Tomaten in Pastis

Zubereitungszeit ca. 20 Minuten | plus Gar- und Ruhezeit ca. 30 Minuten | fertig in ca. 50 Minuten |
pro Portion ca. 295 kcal/1239 kJ, 44 g E, 10 g F, 4 g KH

Für 4 Portionen

4 Lammfilets (à 150 g)
Salz
Pfeffer
500 g Cocktailtomaten
1 ganze frische Knoblauchknolle
½ Bund Frühlingszwiebeln
2 El Olivenöl
2 cl Pastis
2 El frisch gehackter Thymian

1 Den Ofen auf 250 °C (Umluft 230 °C) vorheizen. Die Lammfilets waschen, trocken tupfen und mit Salz und Pfeffer einreiben.

2 Cocktailtomaten waschen, Stielansätze entfernen und Tomaten halbieren. Die Knoblauchknolle schälen und in Scheiben schneiden. Frühlingszwiebeln putzen, waschen und in Ringe schneiden. Alles in einen Bräter oder eine Auflaufform geben und vermengen. Mit Salz und Pfeffer würzen, die Filets darüberlegen.

3 Olivenöl mit Pastis verrühren und über die Filets und das Gemüse träufeln. Im Ofen etwa 20 Minuten schmoren. Danach bei offener Backofentür abgedeckt 10 Minuten ruhen lassen. Vor dem Servieren frisch gehackten Thymian über Fleisch und Gemüse geben.

Tipp

FRISCHEN KNOBLAUCH FINDET IHR VON MÄRZ BIS AUGUST AUF DEM MARKT ODER BEIM GEMÜSEHÄNDLER. MAN VERWENDET IHN ÄHNLICH WIE ZWIEBELN, SCHÄLT NUR DIE ÄUSSERE HAUT AB UND VERARBEITET DANN DIE KNOLLE IM GANZEN. FRISCHER KNOBLAUCH SCHMECKT MILDER UND FEINER ALS GETROCKNETER.

Saltimbocca alla romana

Zubereitungszeit ca. 15 Minuten | plus Bratzeit ca. 10 Minuten | fertig in ca. 25 Minuten |
pro Portion ca. 360 kcal/1512 kJ, 44 g E, 14 g F, 1 g KH

Für 4 Portionen

4 große, dünn geschnittene Kalbsschnitzel (à 180 g)
frisch gemahlener schwarzer Pfeffer
12 hauchdünne Scheiben roher Schinken
12 Salbeiblättchen
3 El Butter + 1 El eiskalte Butter in Flöckchen
Salz
125 ml trockener Weißwein

1 Kalbsschnitzel waschen, trocken tupfen und jeweils in 3 gleich große Stücke teilen. Fleisch flacher klopfen und leicht pfeffern. Auf jedes Schnitzel 1 Scheibe Schinken und 1 Salbeiblättchen legen und mit Holzspießchen flach am Schnitzel feststecken.

2 In einer Pfanne 3 El Butter zerlassen. Das Fleisch von jeder Seite ca. 2–3 Minuten braten. Leicht salzen, nochmals pfeffern und aus der Pfanne nehmen. Abgedeckt warm halten.

3 Den Bratensatz mit dem Wein ablöschen (siehe S. 12), etwa 2 Minuten kräftig aufkochen. Mit dem Schneebesen die eiskalte Butter in die Sauce rühren. Abschmecken und die Schnitzel in der Sauce nochmals kurz ziehen lassen.

Dazu passt ein frischer grüner Salat.

Saltimbocca alla romana ist ein echter Klassiker der römischen Küche. Wörtlich übersetzt bedeutet der Name „Spring in den Mund“ – und tatsächlich sind die kleinen Schnitzel so lecker, dass man den Mund gerne offen lässt!

!!

Lammcarrés mit Orangensauce

Zubereitungszeit ca. 20 Minuten | plus Garzeit ca. 15 Minuten | fertig in ca. 35 Minuten (plus 12 Stunden Marinierzeit) |
pro Portion ca. 367 kcal/1537 kJ, 44 g E, 14 g F, 12 g KH

Für 4 Portionen
2 Knoblauchzehen
5 El Olivenöl
8 Lammkoteletts
2 Schalotten
1 El Thymianblättchen
250 ml Fleischbrühe
3 El Orangenmarmelade

1 Die Knoblauchzehen schälen und mit einem breiten Messer zerdrücken. Mit dem Olivenöl mischen. Die Lammkoteletts mit der Mischung einreiben und abgedeckt über Nacht im Kühlschrank durchziehen lassen.

2 Am nächsten Tag die Schalotten schälen und hacken. Eine Pfanne erhitzen und die Koteletts mit der Marinade darin von beiden Seiten etwa 5 Minuten braten. Herausnehmen und warm stellen. Die Schalotten im Bratfond glasig schmoren. Die Fleischbrühe und den Thymian zugeben und aufkochen.

3 Die Sauce pürieren, die Orangenmarmelade einrühren und die Sauce etwa 5 Minuten köcheln lassen. Die Lammcarrés mit der Sauce servieren.

Dazu schmeckt Baguette.

Dieses Gericht ist ganz schnell gemacht (abgesehen von der Marinierzeit) und macht doch viel her! Lamm kann man oft gut in türkischen Metzgereien kaufen.

!!

Coq au vin

Zubereitungszeit ca. 30 Minuten | plus Garzeit ca. 1 Stunde 45 Minuten | fertig in ca. 2 Stunden 15 Minuten |
pro Portion ca. 700 kcal/2930 kJ, 48 g E, 41 g F, 15 g KH

Für 4 Portionen

8 Hähnchenschenkel
Salz
Pfeffer
1 Tl edelsüßes Paprikapulver
1 El Mehl
3 Schalotten
2 Knoblauchzehen
3 Möhren
300 g kleine Champignons
2 El Butterschmalz
100 g Speckwürfel
2 Zweige Thymian
1 Lorbeerblatt
750 ml kräftiger trockener Rotwein
½ Bund glatte Petersilie

1 Die Hähnchenschenkel abbrausen, mit Küchenkrepp trocken tupfen und mit Salz, Pfeffer und etwas Paprikapulver einreiben. Rundherum dünn mit Mehl bestäuben.

2 Schalotten und Knoblauch schälen und hacken. Die Möhren waschen, putzen, schälen, längs halbieren und in dünne Scheiben schneiden. Die Champignons mit einem Küchenkrepp sauber reiben.

3 1 El Butterschmalz in einem Schmortopf zerlassen, Schalotten, Speck und Champignons darin bei mittlerer Hitze unter Rühren etwa 5 Minuten schmoren. Aus dem Topf nehmen und beiseitestellen.

4 Das restliche Butterschmalz in dem Topf erhitzen und die Hähnchenteile darin von allen Seiten anbraten. Knoblauch, Möhren, Thymian, Lorbeerblatt und Rotwein dazugeben. Bei milder Hitze zugedeckt ca. 1 Stunde 15 Minuten schmoren.

5 Nach der Garzeit das Fleisch aus dem Topf nehmen und die Sauce 5 – 10 Minuten bei hoher Hitze stark einkochen lassen. Mit Salz und Pfeffer abschmecken. Das Geflügel wieder in die Sauce geben, die beiseitegelegte Champignon-Schalotten-Speck-Mischung mit dem eventuell vorhandenen Bratfett darauf verteilen. Zugedeckt weitere 20 Minuten sanft garen.

6 Die Petersilie waschen, trocknen, die Blätter von den Stielen zupfen und hacken. Das Hähnchen nochmals abschmecken, mit Petersilie bestreuen und servieren.

Dazu schmeckt Kartoffelpüree oder Baguette.

VARIATION

IHR KÖNNT DAS REZEPT AUCH MIT TROCKENEM WEISSWEIN KOCHEN. DAS DEZENTERE AROMA GIBT DEM GLEICHEN GERICHT EINE GANZ ANDERE NOTE.

!!

Für dieses französische Nationalgericht ist es ganz wichtig, dass ihr vernünftigen Wein nehmt; mit einem minderwertigen Fusel gelingt es nicht! Durch das Einkochen wird der Geschmack des Weinsuds besonders intensiv und aromatisch.

SÜSSES STUDENTENLEBEN

Was Süßes geht immer – ob zwischendurch, nach einem leckeren Essen oder als Mitbringsel zum Geburtstagskaffee. Die bunte Mischung aus heißgeliebten Klassikern und frischen Ideen auf den folgenden Seiten macht die Entscheidung nicht leicht!

Amarettinicreme mit gerösteten Mandeln

Zubereitungszeit ca. 20 Minuten | pro Portion ca. 420 kcal/1760 kJ, 10 g E, 27 g F, 30 g KH

Für 4 Portionen

3 El gehackte Mandeln
200 g Mascarpone
250 g Quark (20 % Fett)
3 El kandierte Früchte
2 El Amaretto
2 El Zucker
80 g Amarettini

1 Die Mandeln in einer beschichteten Pfanne ohne Fett rösten, dabei öfter rühren, damit sie gleichmäßig bräunen. Sobald sie goldbraun sind, auf einen Teller geben und abkühlen lassen.

2 Den Mascarpone mit dem Quark cremig rühren, ggfs. etwas Wasser dazugeben, wenn die Mischung zu fest ist. Die kandierten Früchte sehr fein hacken und zusammen mit dem Amaretto und dem Zucker unter die Quarkmasse rühren.

3 Die Amarettini in einen Gefrierbeutel geben und mit dem Nudelholz darüberrollen, sodass feine Brösel entstehen. Die Hälfte der Brösel auf die Böden von 4 Gläsern verteilen. Die Quarkmasse darübergeben.

4 Die Mandeln sowie die restlichen Amarettinibrösel darauf verteilen. Genauso könnt ihr das Dessert natürlich in eine große Schüssel schichten.

VARIATION

ANSTELLE VON QUARK KÖNNT IHR AUCH JOGHURT NEHMEN ODER IHR ERSETZT DEN MASCARPONE DURCH GESCHLAGENE SAHNE.

Beerenwölkchen

Zubereitungszeit ca. 15 Minuten | plus Koch- und Kühlzeit ca. 2 Stunden 10 Minuten | fertig in ca. 2 Stunden 25 Minuten | pro Portion ca. 171 kcal/718 kJ, 6 g E, 7 g F, 17 g KH

Für 4 Portionen
300 g gemischte TK-Beeren
50 g Zucker
Mark von 1 Vanilleschote
1 El Speisestärke
2 El Orangensaft
125 ml Sahne
250 g Sahnequark
2 El Himbeersirup

1 ⅔ der Beeren mit dem Zucker und dem Vanillemark in einen kleinen Topf geben und aufkochen. Die Stärke mit dem Orangensaft glatt rühren, zu den Beeren geben und einmal aufkochen lassen, damit die Grütze angedickt wird. Vom Herd nehmen, die restlichen Beeren unterrühren und auskühlen lassen.

2 Inzwischen die Sahne steif schlagen und unter den Quark heben. Mit Himbeersirup süßen.

3 Abwechselnd die Quarkmasse mit der Beerengrütze in Gläser schichten. Die Beerenwölkchen für mindestens 2 Stunden kühl stellen.

!!

An das Mark der Vanilleschote gelangt ihr, indem ihr mit einem spitzen Messer die Schote vorsichtig längs aufschneidet und dann das Mark mit dem Messer herauskratzt.

Mousse au chocolat

Zubereitungszeit ca. 30 Minuten | plus Kühlzeit ca. 2 Stunden | fertig in ca. 2 Stunden 30 Minuten |
pro Portion ca. 611 kcal/2558 kJ, 9 g E, 66 g F, 40 g KH

Für 4 Portionen
3 Eier
200 ml Sahne
50 g Butter
200 g Schokolade (70 % Kakaoanteil)
50 g Zucker

1 Die Eier trennen: Dafür das Ei in der Mitte auf einen dünnen Schüsselrand schlagen, sodass es einen Riss bekommt. Das Ei vorsichtig zu 2 Hälften auseinanderbrechen. Das Eigelb von einer Schale in die andere gießen, sodass das Eigelb in der Schale bleibt und das Eiweiß in die Schüssel läuft.

2 Das Eiweiß in eine Rührschüssel geben und steif schlagen. Das funktioniert am besten, wenn man es mit den Rührbesen des Handrührgeräts erst auf mittlerer Stufe schaumig schlägt und dann auf höchster Stufe so lange weiterschlägt, bis die Masse so fest ist, dass ein Messerschnitt in der Masse sichtbar bleibt.

3 Die Sahne ebenfalls steif schlagen: Mit dem Handrührgerät zuerst ca. 1 Minute auf mittlerer Stufe, dann auf niedriger Stufe weiterschlagen, bis die Sahne fest ist.

4 Butter und Schokolade in Stücke schneiden bzw. brechen, in einen kleinen Metalltopf geben und zusammen im Wasserbad schmelzen: Dafür erhitzt ihr in einem größeren Topf Wasser bis kurz vor dem Kochen und stellt den kleineren Topf dann so darüber, dass Butter und Schokolade durch das heiße Wasser und den Dampf schmelzen. Es darf aber kein übersprudelndes Wasser in die Masse gelangen. Alternativ kann die Schokolade auch vorsichtig auf niedrigster Stufe in einem Topf geschmolzen werden.

5 In der Zwischenzeit das Eigelb mit dem Zucker in einer großen Schüssel schlagen, bis eine dicke, schaumige, hellgelbe Masse entsteht. Die geschmolzene Schokolade unterrühren.

6 Die Sahne und den Eischnee vorsichtig unterheben. Nicht zu stark rühren, sonst verlieren Eischnee und Sahne ihre Luftigkeit. Die Creme für mindestens 2 Stunden in den Kühlschrank stellen.

Tipp

DIE CREME KANN ZUM KÜHLEN DIREKT IN PORTIONSSCHÄLCHEN GEFÜLLT WERDEN ODER ZUM SERVIEREN WERDEN NACH DEM KÜHLEN NOCKEN AUS DER MASSE ABGESTOCHEN. DAZU EINEN ESSLÖFFEL IN KALTES WASSER TAUCHEN UND IN DER MOUSSE HIN- UND HERDREHEN. NOCKEN MIT DER OBERSEITE NACH UNTEN AUF EINEN TELLER SETZEN.

Eier trennen.

Butter und Schokolade im Wasserbad schmelzen.

Sahne unter die Schokomasse rühren.

!! Da rohe Eier verarbeitet werden, sollte die Mousse an dem Tag zubereitet werden, an dem sie gegessen wird, sonst droht Salmonellengefahr.

Eiscremetürmchen

Zubereitungszeit ca. 10 Minuten | pro Portion ca. 360 kcal/1512 kJ, 5 g E, 18 g F, 42 g KH

Für 4 Portionen
12 runde Nusskekse
8 Kugeln Sahneeis
200 g Heidelbeeren

1 Jeweils auf einen Teller einen Nusskeks legen, darauf eine Kugel leicht angetautes Sahneeis setzen. Auf diese Kugel wieder einen Nusskeks legen, darauf eine zweite Kugel Eis schichten und den Turm mit einem Nusskeks abschließen.

2 Die Heidelbeeren verlesen und die Türmchen damit verzieren.

VARIATION

STATT SAHNEEIS SCHMECKT AUCH VANILLEEIS, ANSTELLE DER HEIDELBEEREN PASSEN ERDBEEREN ODER HIMBEEREN UND STATT DER NUSSKEKSE KÖNNT IHR KOKOSKEKSE ODER SPRITZGEBÄCK NEHMEN.

Griessbrei mit Früchten

Zubereitungszeit ca. 15 Minuten | plus Gar- und Kühlzeit ca. 25 Minuten | fertig in ca. 40 Minuten |
pro Portion ca. 205 kcal/860 kJ, 8 g E, 6 g F, 25 g KH

Für 4 Portionen
125 g TK-Himbeeren
500 ml Milch
Schale von ½ unbehandelten Zitrone
1 Päckchen Vanillezucker
25 g Zucker
Salz
40 g Grieß
1 Ei
2 Kiwis
1 Tl Honig
1 Tl Zitronensaft

!!

Vanillezucker und Vanillinzucker sind nicht dasselbe. Vanillin wird synthetisch hergestellt und imitiert den Vanillegeschmack nur. Vanillezucker dagegen enthält echte Vanille aus der Vanilleschote.

1 Die Himbeeren in einer Schüssel auftauen lassen. Die Milch mit der Zitronenschale, dem Vanillezucker, dem Zucker und 1 Prise Salz zum Kochen bringen. Den Grieß einstreuen und bei schwacher Hitze 5 Minuten quellen lassen.

2 Das Ei trennen (siehe S. 166). Das Eiweiß zu steifem Schnee schlagen. Das Eigelb mit dem heißen Grießbrei verrühren. Den Eischnee unterheben. Den Grießbrei abkühlen lassen.

3 Die Kiwis schälen, in Stücke schneiden und mit den aufgetauten Himbeeren mischen. Mit Honig und Zitronensaft abschmecken. Den Grießbrei mit dem Obst anrichten.

VARIATION

DIESES HIMMLISCHE DESSERT IST EINE ZIEMLICHE KALORIENBOMBE. UM SIE ETWAS ZU ENTSCHÄRFEN, KÖNNT IHR EINEN TEIL DES MASCARPONE DURCH MAGERQUARK ERSETZEN.

Tiramisù

Zubereitungszeit ca. 20 Minuten | plus Kühlzeit ca. 4 Stunden | fertig in ca. 4 Stunden 20 Minuten |
pro Portion ca. 520 kcal/2170 kJ, 7 g E, 42 g F, 28 g KH

Für 4 Portionen

2 Eigelb
2 El Zucker
350 g Mascarpone
2 El Amaretto
100 g Löffelbiskuits
50 ml kalter Espresso
2 – 3 El Kakaopulver

1 Das Eigelb mit dem Zucker schaumig rühren. Den Mascarpone löffelweise dazugeben, dabei ununterbrochen weiterrühren. Den Amaretto unterrühren.

2 Den Boden einer flachen Auflaufform mit der Hälfte der Löffelbiskuits auslegen. Die Löffelbiskuits mit der Hälfte vom Espresso beträufeln. Die Hälfte der Mascarponecreme auf die Löffelbiskuits verteilen. Die restlichen Biskuits darauflegen, mit dem verbliebenen Espresso beträufeln und mit Creme abschließen.

3 Das Tiramisù zugedeckt für mindestens 4 Stunden in den Kühlschrank stellen, damit es gut durchziehen kann. Vor dem Servieren mithilfe eines Siebs mit Kakaopulver bestäuben.

!!

Falls ihr das Tiramisù auf ein Party-Buffet stellen möchtet, ist es aufgrund der Salmonellengefahr besser, auf die rohen Eier zu verzichten. Für jedes Eigelb einfach 3 El Sahne verwenden, ansonsten so zubereiten wie links beschrieben.

Löffelbiskuits mit Espresso beträufeln.

Mascarponecreme über die Löffelbiskuits streichen.

Kakaopulver über das Tiramisù sieben.

Rote Grütze mit Vanillejoghurt

Zubereitungszeit ca. 30 Minuten | plus Kühlzeit ca. 1 Stunde | fertig in ca. 1 Stunde 30 Minuten |
pro Portion ca. 169 kcal/709 kJ, 2 g E, 10 g F, 15 g KH

Für 4 Portionen

250 g Erdbeeren
250 g rote Johannisbeeren
400 g Schattenmorellen (aus dem Glas)
3 El Zucker
½ Tl Zimt
½ Vanillestange
1 Päckchen Vanillepuddingpulver
300 g Vanillejoghurt

1 Die Erdbeeren waschen, putzen, große Exemplare halbieren. Die Johannisbeeren waschen, in einem Sieb abtropfen lassen und von den Rispen lösen.

2 Von den Schattenmorellen etwa 6 El Saft abnehmen. Den Rest zusammen mit den Beeren in einen Topf geben. Alles mit Zucker, Zimt und der Vanillestange aufkochen.

3 Währenddessen den zurückgehaltenen Kirschsaft mit dem Vanillepuddingpulver anrühren. Die Mischung unter Rühren zu den kochenden Früchten geben und einmal aufkochen lassen.

4 Die Rote Grütze in eine Schüssel oder 4 Portionsschälchen füllen. Die Vanilleschote entfernen. Die Rote Grütze abkühlen lassen und mit dem Vanillejoghurt servieren.

!!

Für eine Rote Grütze im Winter, wenn es keine frischen, aromatischen Beeren gibt, könnt ihr auch tiefgekühlte Früchte verwenden. Einfach wie im Rezept beschrieben verfahren und die Früchte langsam im Topf auftauen lassen.

Vanilleeis mit Schokoüberzug

Zubereitungszeit ca. 30 Minuten | plus Kühlzeit ca. 1 Stunde | fertig in ca. 1 Stunde 30 Minuten (plus Gefrierzeit ca. 8 Stunden) |
pro Portion ca. 318 kcal/1355 kJ, 5 g E, 19 g F, 30 g KH

Für 6 Portionen

60 ml Milch
½ Tl gemahlene Vanille
50 g weiße Kuvertüre
2 Eigelb
40 g Zucker
75 ml Sahne
200 g Vollmilchkuvertüre

1 Die Milch mit der Vanille erhitzen. Die weiße Kuvertüre hacken und in der Milch auflösen. Die Mischung abgedeckt beiseitestellen.

2 Eigelb und Zucker in einer Schüssel mit einem Handrührgerät hellgelb und cremig aufschlagen. Nach und nach die Vanillemilch unter Rühren zur Eigelbmasse geben. Die Mischung etwa 1 Stunde kalt stellen.

3 Die Sahne steif schlagen und unter die Eigelbcreme heben. Die Masse in Eisförmchen mit Stiel füllen und im Gefrierfach mindestens 8 Stunden gefrieren lassen.

4 Nach der Gefrierzeit die Vollmilchkuvertüre hacken und in ein hohes, schmales Gefäß geben. Im heißen Wasserbad (siehe S. 166) auflösen. Die Eisportionen aus den Förmchen lösen und direkt nacheinander in die heiße Schokolade tauchen. Diese gefriert sofort am Eis.

VARIANTE

AUCH EIN MANDELEIS IST GANZ LEICHT GEMACHT: DAFÜR MANDELSTIFTE IN EINER PFANNE OHNE FETT UNTER RÜHREN ANRÖSTEN UND UNTER DIE GESCHMOLZENE KUVERTÜRE MISCHEN.

Pflaumencrumble

Zubereitungszeit ca. 25 Minuten | plus Garzeit ca. 30 Minuten | fertig in ca. 55 Minuten |
pro Portion ca. 435 kcal/1827 kJ, 4 g E, 21 g F, 55 g KH

!!

Der Crumble, eine englische Süßspeise, ist im Grunde ein Obst-Streuselkuchen ohne Boden. Anstelle der Pflaumen passen auch Äpfel, Birnen oder Rhabarber. Einen Teil des Mehls könnt ihr durch Haferflocken und/oder gemahlene Haselnüsse oder Mandeln ersetzen.

Für 4 Portionen

500 g Pflaumen
100 g Butter
2 Tl Zimt
100 g Zucker
100 g Weizenvollkornmehl
100 g Mehl (Type 405)

1 Die Pflaumen waschen, halbieren und entsteinen. Große Pflaumen vierteln. Eine flache Auflaufform mit etwas Butter einfetten. Die Pflaumen dicht nebeneinander in die Form setzen. Alles mit 1½ Tl Zimt und 2 El Zucker bestreuen.

2 Den Backofen auf 200 °C erhitzen. Die restliche Butter in Würfel schneiden. Beide Mehlsorten miteinander mischen, mit dem restlichen Zucker und Zimt in eine Schüssel geben und verrühren. Die Butter hinzufügen und die Mischung mit den Händen zu Streuseln verkneten. Die Streusel über die Pflaumen verteilen.

3 Den Crumble im Backofen auf der unteren Schiene etwa 30 Minuten goldbraun backen und warm servieren. Dazu schmeckt Vanilleeis oder Vanillesauce.

Brotpudding mit Beeren

Zubereitungszeit ca. 20 Minuten | plus Backzeit ca. 45 Minuten | fertig in ca. 1 Stunde 5 Minuten |
pro Portion ca. 492 kcal/2066 kJ, 17 g E, 17 g F, 63 g KH

Für 4 Portionen

6 Scheiben Weißbrot oder Hefezopf vom Vortag (etwa 300 g)
30 g Butter
4 Eier
450 ml Milch
80 g brauner Zucker
1 Tl Zimt
½ Päckchen Vanillezucker
200 g frische Johannisbeeren
Fett für die Form

1 Den Backofen auf 175 °C (Umluft 155 °C) vorheizen. Das Brot oder den Hefezopf in Stücke brechen und in eine gefettete Auflaufform legen.

2 In einem kleinen Topf die Butter schmelzen und über das Brot träufeln. Die Eier mit der Milch, dem Zucker, Zimt und dem Vanillezucker verrühren und ebenfalls über das Brot gießen. Die Masse etwas herunterdrücken, sodass die Mischung gut aufgesogen wird.

3 Die Johannisbeeren verlesen, waschen, abtropfen lassen, von den Rispen lösen und über den Auflauf verteilen. Im Ofen etwa 45 Minuten backen, bis sich die Masse gesetzt hat und oben leicht gebräunt ist.

Möhrenkuchen

Zubereitungszeit ca. 30 Minuten | plus Back- und Abkühlzeit ca. 1 Stunde 15 Minuten | fertig in ca. 1 Stunde 45 Minuten |
pro Stück ca. 514 kcal/2159 kJ, 7 g E, 29 g F, 56 g KH

Für 12 Stücke
250 g Möhren
3 Eier
165 g weiche Butter
1 Päckchen Vanillezucker
je ½ Tl Zimt, geriebene Muskatnuss und Nelkenpulver
225 g brauner Zucker
Salz
50 g gemahlene Wal- oder Pecannüsse
100 g gemahlene Mandeln
175 g Mehl
50 g Speisestärke
1 Päckchen Backpulver
40 g Kokosfett
100 g Frischkäse
250 g Puderzucker
1–2 El Vanillesirup
Butter für die Form

1 Den Backofen auf 175 °C (Umluft 155 °C) vorheizen. Die Möhren waschen, putzen, schälen und raspeln. Die Eier trennen (siehe S. 166). 125 g Butter mit den Gewürzen und dem Zucker mit dem Handrührgerät schaumig schlagen, dann das Eigelb unterrühren.

2 Das Eiweiß mit 1 Prise Salz steif schlagen und zusammen mit den Möhren und den Nüssen vorsichtig unterheben. Zuletzt Mandeln, Mehl, Speisestärke, Backpulver und 1 Prise Salz unter den Teig rühren.

3 Eine Springform (26 cm Durchmesser) einfetten, den Teig hineinfüllen, glatt streichen und im Ofen etwa 45 Minuten backen. Abkühlen lassen.

4 Für den Überzug die restliche Butter mit dem Kokosfett und dem Frischkäse verrühren, den Puderzucker dazusieben. Den Vanillesirup unterheben und alles gut miteinander verrühren. Den ausgekühlten Möhrenkuchen damit bestreichen.

Tipp

DIESER KUCHEN SCHMECKT 1–2 TAGE NACH DEM BACKEN, WENN ER SCHÖN DURCHGEZOGEN IST, BESONDERS GUT. WICKELT IHN DAFÜR IN FOLIE EIN UND LEGT IHN IN DEN KÜHLSCHRANK. DER ÜBERZUG SOLLTE ALLERDINGS ERST VOR DEM SERVIEREN AUF DEN KUCHEN GESTRICHEN WERDEN, DA ER SCHNELL RISSIG WIRD.

!! Dieser Überzug kommt aus den USA und heißt dort Cream Cheese Frosting. Er passt auch auf alle möglichen anderen Kuchen.

Möhren vorbereiten.

Eiweiß steif schlagen.

Teig verrühren.

Feiner Apfelkuchen

Zubereitungszeit ca. 20 Minuten | plus Backzeit ca. 45 Minuten | fertig in ca. 1 Stunde 5 Minuten |
pro Stück ca. 138 kcal/580 kJ

Für 20 Stücke
100 g Butter
250 g Zucker
2 Päckchen Vanillezucker
2 Eier
100 g Mehl
2 Tl Backpulver
1 Prise Salz
100 ml Milch
900 g Äpfel, z. B. Cox Orange
Butter für die Form

1 Die Butter in einem Topf schmelzen. Zucker mit Vanillezucker, Eiern und der etwas abgekühlten Butter schaumig schlagen.

2 Das Mehl mit dem Backpulver mischen, mit dem Salz und der Milch in die Creme rühren und einen glatten Teig herstellen.

3 Die Äpfel schälen, vierteln und das Kerngehäuse entfernen. Apfelviertel quer in dünne Spalten schneiden und unter den Teig heben. Den Backofen auf 190 °C (Umluft 170 °C) vorheizen.

4 Eine Tarte- oder Springform (Durchmesser 28 cm) einfetten und den Apfelteig einfüllen. Im Ofen etwa 45 Minuten goldgelb backen, dabei nach 30 Minuten eventuell mit Alufolie abdecken, damit er nicht zu dunkel wird. Der Kuchen schmeckt lauwarm serviert am besten.

Schneller Rotweinkuchen

Zubereitungszeit ca. 20 Minuten | plus Backzeit ca. 1 Stunde | fertig in ca. 1 Stunde 20 Minuten |
pro Stück ca. 481 kcal/2021 kJ

Für 12 Stücke
330 g Butter
300 g Zucker
5 Eier
330 g Mehl
1 Päckchen Backpulver
100 g Schokoladenraspel
125 ml Rotwein
2 ½ Tl Kakaopulver
1 ½ Tl Zimt
Butter für die Form

1 Die Butter mit dem Zucker schaumig rühren. Die Eier unterrühren. Das Mehl mit dem Backpulver mischen und über die Eiercreme sieben. Schokoladenraspel zugeben und verrühren. Den Rotwein einfließen lassen.

2 Kakaopulver und Zimt unter den Teig heben und alles so lange verrühren, bis eine cremige Masse entsteht.

3 Den Backofen auf 180 °C (Umluft 160 °C) vorheizen. Eine Springform (24 cm Durchmesser) einfetten. Den Teig in die Form füllen und im Ofen etwa 1 Stunde backen. Vor dem Lösen aus der Springform abkühlen lassen.

VARIATION

DER ROTWEIN KANN AUCH DURCH ROTEN TRAUBENSAFT ODER SCHWARZEN JOHANNISBEERSAFT ERSETZT WERDEN.

Philadelphia-Torte

Zubereitungszeit ca. 30 Minuten | plus Kühlzeit ca. 30 Minuten | fertig in ca. 1 Stunde | pro Stück ca. 274 kcal/1150 kJ

Für 12 Stücke

200 g Löffelbiskuits
100 g Butter
250 g Frischkäse
6 El Zucker
Saft von ½ Zitrone
1 Päckchen Götterspeise Zitrone
400 ml Sahne
2 Päckchen Vanillezucker
2 Päckchen Sahnesteif

1 Die Löffelbiskuits zerbröseln. Am einfachsten geht das, wenn man die Biskuits in einen Gefrierbeutel gibt, diesen verschließt und mit einem Nudelholz oder einer Glasflasche darüberrollt.

2 Die Butter in einem Topf schmelzen und mit den Biskuitbröseln vermischen. ⅔ der Menge auf einen mit Backpapier ausgelegten Springformboden (24 cm Durchmesser) drücken.

3 Den Frischkäse mit Zucker und Zitronensaft verrühren. Die Götterspeise mit 175 ml Wasser anrühren und 10 Minuten quellen lassen, dann leicht erhitzen, aber nicht kochen.

4 Die Götterspeise abkühlen lassen und unter die Frischkäsemasse heben. Die Sahne mit Vanillezucker und Sahnesteif steif schlagen und unter die Creme mischen. Die Käsecreme auf dem Löffelbiskuitboden verteilen und den Rest der Biskuitbrösel darüberstreuen. Die Torte vor dem Servieren mindestens 30 Minuten kühl stellen.

VARIATION

STATT MIT ZITRONENGÖTTERSPEISE SCHMECKT DIE TORTE AUCH MIT GÖTTERSPEISE IN ANDEREN GESCHMACKSRICHTUNGEN. DIE LÖFFELBISKUITS KÖNNEN AUCH DURCH HAFER- ODER BUTTERKEKSE ERSETZT WERDEN.

Marmorkuchen

Zubereitungszeit ca. 25 Minuten | plus Backzeit ca. 1 Stunde 10 Minuten | fertig in ca. 1 Stunden 35 Minuten | pro Stück ca. 370 kcal/1550 kJ

Für ca. 15 Stücke
250 g weiche Butter
210 g Zucker
1 Päckchen Vanillezucker
2 El Rum
1 Prise Salz
5 Eier
300 g Mehl
2½ gestrichene Tl Backpulver
4 El Milch
25 g Kakaopulver
Butter für die Form

1 Backofen auf 180 °C (Umluft 160 °C) vorheizen. Für den Teig Butter mit 200 g Zucker, Vanillezucker, Rum und Salz cremig rühren. Die Eier nach und nach untermischen.

2 Das Mehl mit dem Backpulver mischen, auf die Buttermasse sieben und alles gut verrühren, dann 2 El Milch einrühren.

3 Eine Kastenform (ca. 30 x 10 cm) einfetten. Die Hälfte des Teigs einfüllen. Den Kakao über den restlichen Teig sieben, den restlichen Zucker und die restliche Milch dazugeben und alles gut verrühren. Den dunklen Teig auf dem hellen verteilen. Eine Gabel spiralförmig so durch die Teigschicht ziehen, dass die Marmorierung entsteht.

4 Im Ofen auf der mittleren Schiene 55–70 Minuten backen. Nach 55 Minuten die Garprobe machen. Dafür mit einem Holzspieß in den Kuchen stechen: Bleibt Teig daran kleben, muss der Kuchen noch weiterbacken. Ist der Spieß sauber, ist der Kuchen fertig. Den Kuchen 10 Minuten in der Form abkühlen lassen, dann auf ein Kuchengitter stürzen und ganz erkalten lassen.

Nach Wunsch mit Schokoladenglasur überziehen.

Marmorkuchen ist sicher für viele DER Kuchen der Kindheit – kein Kindergeburtstag ohne einen schönen, saftigen Marmorkuchen! Und heute schmeckt er noch genauso gut!

Nussecken

Zubereitungszeit ca. 25 Minuten | plus Ruhe-, Back- und Abkühlzeit ca. 2 Stunden | fertig in ca. 2 Stunden 25 Minuten |
pro Stück ca. 187 kcal/785 kJ, 2 g E, 12 g F, 15 g KH

Für 40 Stück
300 g Mehl
300 g Zucker
330 g Butter
2 Eier
2 Päckchen Vanillezucker
100 g gemahlene Haselnüsse
100 g gehobelte Haselnüsse
200 g gehackte Mandeln
7 El Aprikosenmarmelade
50 g Kuvertüre

1 Das Mehl, 100 g Zucker, 130 g Butter und die Eier in eine Schüssel geben und zuerst mit den Knethaken des Handrührers und dann mit der Hand zu einem festen Teig verarbeiten. Diesen in Frischhaltefolie wickeln und etwa 1 Stunde im Kühlschrank ruhen lassen.

2 Den Backofen auf 180 °C vorheizen. Den Teig auf einem Backblech ausrollen. Für den Belag die restliche Butter in einem Topf zerlassen, den restlichen Zucker und Vanillezucker sowie 4 El Wasser hinzufügen und einmal aufkochen. Dann die Haselnüsse und Mandeln unterrühren.

3 Den ausgerollten Teig mit der Aprikosenmarmelade bestreichen, dann die Nussmasse auf dem Teig verteilen. Anschließend etwa 45 Minuten auf mittlerer Schiene backen.

4 Die Nussecken abkühlen lassen, zunächst in Vierecke schneiden und dann diese jeweils in Dreiecke halbieren. Die Kuvertüre grob hacken, im Wasserbad schmelzen (siehe S. 166) und damit die Nussecken besprenkeln.

Schoko-Kokos-Röllchen

Zubereitungszeit ca. 20 Minuten | plus Auftau-, Back- und Abkühlzeit ca. 50 Minuten | fertig in ca. 1 Stunde 10 Minuten | pro Stück ca. 234 kcal/982 kJ, 3 g E, 17 g F, 17 g KH

Für 12 Stück

4 TK-Blätterteigplatten
150 g Nuss-Nougat-Creme
6 El Kokosflocken
1 Ei
2 El Milch
50 g weiße Kuvertüre

1 Die Blätterteigplatten nach Packungsanweisung auftauen, ausrollen und in je 3 Rechtecke schneiden.

2 Die Nuss-Nougat-Creme mit den Kokosflocken verrühren. Das Ei trennen und das Eigelb mit der Milch verquirlen. Den Backofen auf 200 °C vorheizen.

3 Auf jedes Rechteck 1 Tl Nuss-Nougat-Creme verteilen. Die Ränder mit dem Eiweiß bestreichen, die Seiten umklappen und aufrollen. Die Stangen mit der Eigelbmischung bestreichen, auf ein mit Backpapier belegtes Blech setzen. Im Backofen etwa 13 Minuten backen.

4 Die Röllchen auskühlen lassen. Die Kuvertüre im Wasserbad schmelzen (siehe S. 166) und die Röllchen mit der geschmolzenen Kuvertüre verzieren.

Brownies mit Walnüssen

Zubereitungszeit ca. 25 Minuten | plus Backzeit ca. 30 Minuten | fertig in ca. 55 Minuten |
pro Stück ca. 296 kcal/1246 kJ, 5 g E, 17 g F, 32 g KH

Für 12 Stücke
125 g Bitterschokolade
100 g weiche Butter
2 Eier
200 g brauner Zucker
1 Päckchen Vanillezucker
150 g Mehl
½ Tl Backpulver
½ Tl Salz
100 g gemahlene Walnüsse
Mehl und Fett für die Form
12 Walnusshälften

1 Den Backofen auf 190 °C (Umluft 170 °C) vorheizen. Eine Springform (24 cm Durchmesser) leicht einfetten, mit Mehl bestäuben, überschüssiges Mehl abklopfen.

2 Die Schokolade in einem kleinen Topf bei geringer Hitze oder im Wasserbad (siehe S. 166) unter Rühren schmelzen, beiseitestellen und abkühlen lassen.

3 Butter, Eier, Zucker und Vanillezucker mit dem Handrührgerät in einer Schüssel cremig rühren. Die geschmolzene Schokolade in die Eiermischung rühren. Mehl, Backpulver und Salz zugeben und alles zu einem glatten Teig vermengen.

4 Die Walnüsse unterheben, den Teig in die Form füllen, gleichmäßig verteilen und mit den Walnusshälften garnieren. Auf der mittleren Schiene ca. 30 Minuten backen, bis die Kuchenmitte fest ist. Abkühlen lassen, aus der Form lösen und in die gewünschten Portionen schneiden.

VARIATION

FALLS IHR KEINE GEMAHLENEN WALNÜSSE BEKOMMT, KÖNNT IHR WALNUSSKERNE IM MIXER MAHLEN ODER FEIN HACKEN. LECKER SCHMECKEN STATT DER WALNÜSSE AUCH MANDELN ODER HASELNÜSSE.

!! Wenn ihr nicht sicher seid, ob der Kuchen schon durch ist, könnt ihr die Garprobe machen: Dafür stecht ihr mit einem Holzstäbchen in die Mitte des Kuchens und zieht es wieder heraus. Bleibt Teig am Stäbchen hängen, ist der Kuchen noch nicht fertig. Die Brownies dürfen allerdings noch etwas feucht sein, sonst trocknen sie beim Abkühlen zu sehr aus.

Möhren-Apfel-Muffins

Zubereitungszeit ca. 25 Minuten | plus Back- und Ruhezeit ca. 30 Minuten | fertig in ca. 55 Minuten |
pro Stück ca. 172 kcal/720 kJ, 4 g E, 2 g F, 33 g KH

Für 12 Stück
200 g Möhren
1 großer Apfel
Saft von ½ Zitrone
100 g Butter
2 Eier
150 g Zucker
100 g Joghurt
300 g Dinkelmehl
3 Tl Backpulver
Salz
Fett für die Form

1 Die Möhren waschen, schälen und reiben. Den Apfel schälen, vom Kerngehäuse befreien und in kleine Würfel schneiden. Mit Zitronensaft beträufeln.

2 Die Butter in einem kleinen Topf zerlassen. Die Eier in eine Schüssel geben und mit einer Gabel verschlagen. Den Zucker, die zerlassene Butter und den Joghurt dazugeben und alles gründlich verrühren.

3 Den Backofen auf 180 °C vorheizen. Mehl, Backpulver und 1 Prise Salz in eine 2. Schüssel geben und gut vermischen. Die trockene Mehlmischung zu den feuchten Zutaten geben und verrühren. Zum Schluss die Möhrenraspel und Apfelstückchen unterheben.

4 Ein Muffinblech oder 12 Papiermuffinformen ausfetten und jeweils etwa zu ¾ mit dem Teig füllen. Im Ofen etwa 25 Minuten backen. Das Blech aus dem Ofen nehmen und die Muffins etwa 5 Minuten ruhen lassen. Auf einem Kuchengitter abkühlen lassen.

Chocolate-Chip-Cookies

Zubereitungszeit ca. 20 Minuten | plus Backzeit ca. 15 Minuten | fertig in ca. 35 Minuten |
pro Stück ca. 100 kcal/420 kJ, 1 g E, 15 g F, 18 g KH

Für ca. 30 Stück
150 g dunkle Schokolade (70 % Kakaoanteil)
125 g weiche Butter
50 g brauner Zucker
30 g weißer Zucker
1 Päckchen Vanillezucker
1 Ei
140 g Mehl
1 Tl Backpulver
1 Tl Kakaopulver
50 g gemahlene Mandeln

1 Die Schokolade grob hacken. Den Backofen auf 180 °C (Umluft 160 °C) vorheizen. 2 Backbleche mit Backpapier auslegen.

2 Die Butter mit allen Zuckersorten mit dem Handrührer cremig rühren, dann das Ei unterrühren. Mehl, Backpulver und Kakaopulver vermischen, auf die Buttermasse sieben und gut unterrühren. 125 g von der gehackten Schokolade und die gemahlenen Mandeln unterrühren.

3 Mit 2 Teelöffeln Häufchen nicht zu dicht nebeneinander auf das Backpapier setzen, mit den restlichen Schokostückchen bestreuen. Die Cookies 12 – 15 Minuten backen. Auf einem Kuchengitter auskühlen lassen.

THEMATISCHES REGISTER

SNACKS & KLEINE GERICHTE

SUPPEN

SALATE

NUDELN, KARTOFFELN, REIS, GEMÜSE & CO.

FLEISCH & FISCH

SÜSSSPEISEN & KUCHEN

REGISTER A–Z